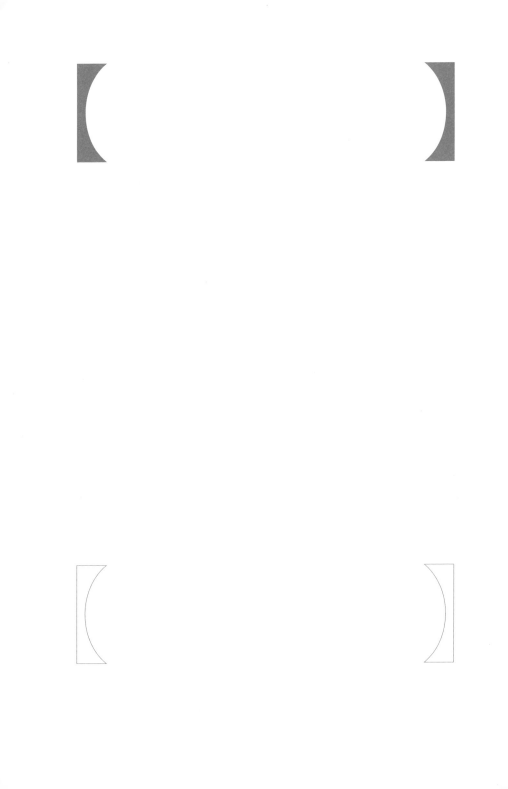

Coach the Person, Not the Problem

문제가 아니라
사람에 주목하라

"코칭의 대가"가 알려주는 의미 있는 대화

마샤 레이놀즈 지음
Marcia Reynolds

박정영, 임민정, 최영지, 김면수, 이재경 옮김

감사의 글

이 책은 25년 전 코칭에 대한 기사를 발견한 이후로, 내 인생에서 함께 해 온 코치와 고객, 멘토, 교사, 친구 모두의 결과물이다. 당신의 이름이 여기에 없을 수도 있지만, 우리의 길을 함께 건너는 것에 대해 말로 표현할 수 없을 정도로 내가 감사해 하고 있다는 것을 당신도 알기를 바란다. 당신을 알게 된 것은 행운이다.

내 아이디어가 흐릴 때 나에게 도전할 수 있는 용기를 주는 닐 메일렛Neal Maillet 편집장에게 깊은 감사를 전하고 싶다. 그는 편하게 내게 자신의 지혜와 진실을 전달해 주었다.

나는 내게 우정과 배움을 준 동료들이 있는 거대한 글로벌 코칭 커뮤니티에 경외감을 느낀다. 특히 헬스케어 코칭연구소를 설립하고 나를 연수이사로 선임할 수 있는 용기와 선견지명을 가진 피라미드 리소스 그룹Pyramid Resource Group의 디제이 미쉬DJ Mitsch 회장님께 감사 드리고 싶다. 프로그램을 위한 교육을 설계하고 전달하는 것이 이 책을 쓰는 데 도움이 되었다. 나는 가르칠 때마다 많은 것을 배운다.

또한 코칭을 마스터하는 방법을 계속 배우는 동안 자주 수업을 추가하고 변경하도록 해 주고, 코칭 교육기관에서 코칭을 가르칠 수 있도록 나를 믿어준 조란 토도로비치Joran Todorovic, 테스 헤Tess He, 알로

우 수이Allow Sui, 스베틀라나 추마코바Svetlana Chumakova에게 감사한다.

가장 최근에는, 마스터가 되는 것에 대한 나의 관점을 끊임없이 바꿔주고 깊이 있게 해 준 도로시 시미노비치Dorothy Siminovitch와의 파트너십에 매우 감사한다.

언제나 한결같이 지지해 주는 테리에 벨프Tei-E Velf와 빅키 설리번Vickie Sullivan, 언제나 존경스러운 마인드와 도움되는 아이디어를 주는 헤일리 포스터Hayley Foster, 웬디 화이트Wendy White, 린다 룬덴Linda Lunden, 에일린 맥다그Eileen McDargh, 데니스 맥켈비Dennece McKelvy, 스테파니 로솔Stephanie Rosol과 다이애나 그로Diana Groh에게 감사한다. 또한 내가 내 세상을 달리는 동안 내 삶을 온전히 지켜준 토니 코흐Toni Koch에게 특별히 감사의 마음을 전한다.

그리고 나의 모든 학생들과 고객들에게 감사한다. 이 책은 내가 그들로부터 배운 것들에 관한 것이다.

무엇보다 내 삶의 동반자인 칼 슈넬Karl Schnell에게 진심으로 감사한다. 그는 우리의 계획에 영향을 미칠 때에도 항상 내가 필요한 공간을 확보할 수 있도록 나와 내 일을 무조건 지원해 준다. 그가 없었다면, 내 인생은 지금과 같지 않았을 것이다.

오늘날 많은 인기 있는 책들, 리더십 행동론, 그리고 코칭 가이드라인들은 좋은 질문을 하기 위한 규칙들을 대략적으로 제시한다. 일반적인 규칙들은 '왜'라는 질문을 제외하고 '무엇을' '언제' '어디서' '어떻게' '누구' 등과 같은 단어로 시작하는 열린 질문을 사용하는 것을 포함하고 있다.

　이러한 제안들은 오해의 소지가 있다.

　코치와 리더들은 코칭하는 사람에게 관심을 기울이는 것보다, 해야 할 질문들을 기억하기 위해 더 많은 시간을 쓰고 있다.[1] 코칭 교육 기관이나 리더십 워크숍에서 배운 코칭대화 모델을 따라 질문하기 위해 "체크리스트 코칭"을 하게 되는데, 이는 고객을 돕기보다는 오히려 방해하는 것이 된다.

　코치들은 듣는 것보다 자신의 머릿속에서 더 많은 시간을 보내

---

[1] ―― 이후 '코치'라는 단어는 이 책에 나오는 기술과 능력을 발휘하는 사람을 지칭한다. 전문코치이던, 집단 내부의 코치이던. 기업의 리더이던, 또는 대화를 이끌어 가기 위해 코칭의 방법을 쓰는 사람이던 말이다. '고객'이라는 단어는 코칭을 받는 사람을 뜻하며, 코칭을 받기 위해 비용을 지불하지 않는 직원이나 동료의 경우도 포함된다.

고 있고, 이는 코칭을 필요 이상으로 복잡하게 만든다. 고객과 함께 존재하며 요약하기Summarizing, 환언하기Paraphrasing, 구별해 주기Drawing Distinctions와 같은 반영적 진술Reflective Statement을 사용하는 것이 마법 같은 질문을 찾는 것보다 훨씬 더 강력하고 쉬울 수 있다는 것을 깨닫지 못한다. 코치가 반영한 후 던진 질문은, 그저 외워서 하는 질문이 아니라 진심 어린 호기심에서 우러나온 질문일 가능성이 높다. 이런 점에서, 닫힌 질문도 생각의 중대한 발견을 이끌어 낼 수 있다.

코칭은 질문의 연속이 아니라 탐구의 과정이어야 한다. 탐구 활동의 목적은 문제의 해결책을 찾는 것이 아니라 우리 자신의 생각에 대한 비판적인 사고를 불러일으키는 것이다. 탐구 활동은 코칭 고객들이 논리의 차이를 식별하고, 자신들의 신념을 평가하고, 스스로의 선택에 영향을 미치는 두려움과 욕망을 명확히 하는 데 도움을 준다. 생각이 재배열되고 확장될 때, 비로소 해결책이 나온다.

우리의 생각을 들여다보게 해 주는 말은 거울과도 같다. 그리고 그것은 성찰을 유발한다. 반영적 진술은 재포장하기Recapping, 라벨링하기Labeling, 은유를 사용하기, 핵심이나 갈등 요소 확인하기Identifying, 감정 변화 알아차리기 등을 포함하며, 탐구 활동은 이러한 반영적 진술과 질문의 결합이다.

질문은 답을 찾고 탐구 활동은 통찰을 불러일으킨다.

코칭에서 반영적 진술을 사용하면, 고객들은 자신의 말을 듣고, 신념이 어떻게 자신의 인식을 형성하는지 보고, 스스로가 표현하고 있는 감정을 마주한다. 그러고 나서 "이것이 당신에게 사실인가요?"라고 확인하는 질문이나 코치가 언제, 어디서, 무엇을, 누구와, 어떻게에 대한 호기심이 생겼을 때 즉각적으로 탐색하는 질문을 이어서 하면 고객들은 자신의 생각을 들여다보게 된다.

반영적 진술 + 질문 = 성찰적 탐구 활동Reflective Inquiry

질문에 반영적 진술을 추가하면 코칭이 더 자연스럽고 쉽게 느껴진다. 더 이상 중대한 발견을 하게 하는 질문을 만들어 내기 위해서 걱정하지 않아도 된다.

반영적 진술과 질문을 결합하면 코치는 완벽한/가장 좋은/올바른 질문을 찾아야 한다는 부담감으로부터 자유로워진다.

반면, 스스로 코치라고 부르는 일부 전문가들은 어떤 조언을 해야 할지 결정하기 위한 목적으로 질문을 한다. 심지어 국제코칭연맹International Coaching Federation, ICF이 질문에 대해 지나치게 엄격한 요구사항을 적용한다고 비판하기도 한다. 어느 하버드 대학교의 심리학 교수는 자신의 고위 임원 고객들은 기분에 대해 묻는 것을 원하지 않았기 때문에, 자신은 국제코칭연맹의 자격증을 취득하지 않았다고 말했다. "고객의 생각과 감정에 의문을 제기하는 것은 시간 낭비에요. 고객들은 나의 전문지식을 원해요. 고객들은 아무것도 모르기 때문에 조언을 해 주거나 정신이 번쩍 들게 해줘야 해요"라고 했다.

그것이 고객들이 필요로 했던 것일 수도 있지만, 그것은 코칭이 아니다. 그것은 뼈 때리는 멘토링에 가깝다. 나는 조언하는 것을 선호하는 사람들에 의해 코칭이라는 단어가 희석될 때, 유사영역과 구별된 전문분야로서 코칭을 잃게 되는 것이 두렵다. 코칭은 사람들이 생각을 빠르게 재구성하고, 관점을 전환하고, 자신과 상황을 재정의할 수 있도록 돕는 효과적인 기술이다. 코치들은 자신의 이야기와 인식 속에 갇혀 있는 사람들을 위해 생각 파트너Thinking Partner의 역할을 한다. 코치들은 고객들이 맹목적인 두려움, 물려받은 신념, 가능한 행동을 제한하는 어설픈 가정 등을 넘어 스스로 더 넓게 생각할 수 있도록 돕는다. 새로운 관점을 갖게 된 고객들은 새로운 해결책을 발견하고, 회피해왔던 방법을 행동으로 옮기고, 지시를 받았을 때보다 장기적인 변화를 위한 실행의지를 더 자주 약속한다.

코칭의 목표는 고객이 자신의 관점을 제한하는 생각과 행동을 멈추게 하고, 질문을 통해 자신의 욕망을 달성하기 위한 새로운 방법을 찾을 수 있도록 하는 것이다. 반영적 실천 방법들은 고객의 이야기를 즉각적으로 보여줘서 고객 스스로 관찰할 수 있도록 해 준다. 그런 다음 이어지는 질문들은 고객이 사용하고 있는 신념과 행동 패턴을 식별하는 데 도움이 된다. 고객들은 자신의 신념이나 행동 패턴 중 어떤 것이 비효율적이고 심지어 손상을 입히는 것인지 직접 마주하게 된다. 인내심과 존중하는 마음을 가지고 코칭을 마치고 나면, 고객은 코치의 조언 없이도 스스로 무엇을 해야 하는지 분명히 알게 되는 멋진 변화를 이룬다.

성찰적 탐구 활동은 100년이 넘는 세월 동안 강력한 학습 기술로 사용되어 왔다. 성찰적 탐구 활동의 기원에 대해서는 1부에 자세히 나와있다.

코칭은 어렵지 않아도 된다.

배려와 감사의 존재감으로 성찰적 탐구 활동을 사용하면, 고객이 자신의 생각을 비판적으로 탐색하는데 안전하다고 느끼는 연결 공간이 만들어진다. 고객은 자신의 장애물을 깊게 들여다봐야 한다는 의무감을 느끼지 않고, 자연스럽게 깊은 탐색을 하게 된다. 코치로부터 자신이 한 말을 다시 듣는 것을 통해, 고객은 자발적으로 자신의 발언을 상세하게 분석하게 된다. 자신이 핵심 가치와 욕망과 일치하지 않는 행동에 대해 방어적으로 합리화하고 있다는 것을 발견하고, 이를 인정한다.

전문가가 아니라 생각 파트너로서 코칭할 때, 코치가 해야 할 일은 고객이 준 것을 '놓치지 않고 잡아서 되돌려주는 것'이다. 코치는 훌륭한 질문을 꾸며낼 필요가 없다. 코치가 말하고자 하는 것이 직관인지 자신의 필요에 의한 노골적인 투영인지 알아낼 필요가 없다. 모든 것에 답을 가지고 있을 필요도 없다. 듣고 본 것과 옳고 그름에 상관없이 일어나고 있다고 느낀 것을 공유한다면 좋은 코치이다.

코치는 듣고 보고 감지한 것을 공유한 후에 질문을 한다. 그리고 그것은 어떤 "좋은 질문" 목록에서 뽑아온 것이 아닌 코치의 성찰에서 나온 것일 것이다.

내가 이러한 기술들을 전 세계 코치들에게 가르치면 코치들은 이렇게 말한다.

"고마워요. 완벽한 질문을 해야만 한다는 강박에서 저를 해방시켜 주었어요."
"당신이 코칭하는 것을 보고 나니 마음이 가벼워졌어요."
"당신은 나에게 즐거운 마음으로 코칭할 수 있는 방법을 보여주었어요."
"좋아요! 존재하고, 거울이 되고, 가벼워지겠어요!"

이 책은 코칭 접근법Coaching Approach을 사용해 대화하기를 원하는 사람들이 어떻게 하면 더 함께 존재하고 효과적으로 성찰적 탐구 활동을 활용할 수 있는지를 보여준다. 그 방법과 예시들은 코칭 접근법을 사용하는 전문코치, 리더, 부모, 선생님, 친구가 대화에서 기억에 남고 의미 있는 결과를 얻는 방법을 보여준다.

이 책에 담겨 있는 것

1부에서는 딜레마 상황에서 더 나은 생각을 하고 싶어 하는 사람들을 코칭할 때 초점을 맞추어야 하는 실천방법을 명확히 한다. 코칭이라는 단어가 다양한 활동에 적용돼 왔기 때문에, 먼저 우리가 탐구할 프레임워크에 대한 공통된 이해부터 시작한다.

1장에서는 성찰적 탐구 활동의 코칭 방법이 마음을 바꾸고 장기적인 행동변화를 이끄는데 강력한 이유에 대해 다룬다. 나는 학습의 중요한 요소인 통찰력 형성을 중심으로 성찰적 탐구 활동이 뇌 과학을 어떻게 보여주는지, 코칭이 어떻게 고객이 혼자서는 할 수 없는 방식으로 자신의 생각을 탐구하도록 지원하는지 설명한다.

또한 1장에서는 코칭을 적용하기에 이상적인 순간을 살펴본다. 코칭은 모든 상황에서 사용할 수 있도록 의도된 것이 아니다. 항상 코치 역할을 한다면 직원, 친구, 배우자를 짜증 나게 할 것이다. 코칭을 하기 위해선 합당한 이유가 필요하고, 때로는 허락을 구할 필요가 있다. 그러므로 1장에서는 코칭에 적합한 좋은 기회로 볼 수 있는 시나리오 목록을 발견할 수 있을 것이다.

2장에서는 코칭의 의도를 방해하는 다섯 가지 믿음에 대해 탐구한다. 각각을 설명하고 그런 믿음들이 어떨 때만 진실이며, 언제나 그렇지 않은 이유는 무엇인지, 이것이 엄격한 규칙으로 적용될 때 코칭의 효과가 어떻게 제한되는지에 대해 설명할 것이다. 또한 코칭 관계의 맥락에서 믿음이 어떻게 작동하는지 보여주는 예시를 들어, 각 믿음에 대한 대안적인 의견을 제시한다.

이 책의 핵심적인 2부에서는, 중대한 발견을 하는 코칭 Breakthrough Coaching을 위한 다섯 가지 필수 실천 방법을 이해하고 실행하는 방법을 제공한다.

1. 집중해야 할 것 Focus — 문제가 아닌, 사람을 코칭하기
2. 적극적 재생 Active Replay — 리뷰를 위해 중요한 부분 재생하기
3. 뇌 해킹 Brain Hacking — 상자 안에서 보물 발견하기
4. 골텐딩 Goaltending — 코스를 이탈하지 말고 지키기
5. 새로움 그리고 다음 New and Next — 통찰과 약속으로 이끌어 내기

코칭의 마스터가 된다는 것은 단지 기술을 향상시키는 것만이 아니다. 마스터의 경지에 오르기 위해서는 자신의 내면적인 상태를 빠르게 파악하고 고객과 온전히 함께하는 상태로 돌아갈 수 있는 역량이 필요하다. 3부에서는 성찰적 탐구 활동의 실천 방법들을 익히기 위해 필요한 세 가지 멘탈 습관을 기르기 위한 연습 방법인 ARC를 제공하

고 설명한다.

1. 뇌를 조율하라 Align your brain.
2. 그냥 듣는 것이 아니라 받아들여라 Receive (don't just listen).
3. 판단을 알아차리고 놓아주어라 Catch and release judgment.

나는 전 세계 수천 명의 코치들에게 핵심적인 실천 방법과 멘탈 습관 방법을 보여줄 기회를 가졌다. 그때마다 코치들은 내게 고맙다고 했는데, 그것은 나를 통해 배운 것에 대한 것일 수도 있지만, 이미 알고 있었던 것을 기억하게 도와준 것에 대한 고마움일 수도 있다.

리더들에게 이러한 실천 방법을 가르쳤을 때 그들은 대부분 시간이 없어서 코칭을 하지 못한다고 했다. 하지만 나는 그 이면에 그들이 코칭을 잘 할 수 없다는 두려움을 갖고 있기 때문이라는 것을 알게 됐다. 그들은 아마도 좋은 질문을 찾기 위해 고민하면서 시도했지만 실패했을 것이다. 이 책은 리더들에게도 더 빠르고 더 강력한 결과를 얻을 수 있는 쉬운 단계를 설명함으로써 두려움을 줄이는 코칭 접근법을 제공한다.

리더들이 성찰적 탐구 활동을 하게 되면, 그들은 이것이 짧은 시간에 관점과 행동에 강력한 변화를 촉진하는 가장 좋은 방법이라는 것을 알게 된다. 또한, 대화가 창의적이고 의미 있어질 뿐만 아니라 생산적이게 되어서 사람들이 배우고 성장하도록 영감을 준다. 직원들은 자신들을 보고, 들어주고, 중요하게 생각하고 있다는 것을 느끼게 되며, 이것은 참여도와 생산성, 새로운 아이디어에 대한 열정을 증가시키는 핵심 요소이다.

좋은 코칭을 경험한 사람들은 코칭이 자신들의 삶을 바꿨다고 말한다. 코칭의 본질은 문제 해결이나 성과 향상이 아니다. 성찰적 탐구 활동을 사용하기 위해 헌신하는 사람들은 인간의 정신을 적극적으로 재충전하는 변화의 주체들이다. 직장에서의 일과 세상의 사건들이 사람들의 눈앞을 캄캄하게 할 때, 코칭은 그 길을 밝혀준다.

역자 서문

성장하고자 하는 많은 이들에게 코로나는 또 다른 기회를 주었다. 전세계에 있는 명사들의 강의를 온라인 화상 시스템을 통해 보다 쉽게 접할 수 있게 되었기 때문이다. 나 역시도 우연한 기회에 MCC Master Certified Coach, 마스터 인증 코치 코치인 마샤 레이놀즈Marcia Reynolds 박사 초청 강연을 개최하게 되었는데 강연 중 한 참가자가 질문했다.

> "레이놀즈 박사님, 코치는 생각 파트너로서 코칭을 할 때 생각을 하지 말라고 하셨는데 계속 생각이 머릿속에서 맴돌아요. 어떻게 하면 될까요?"
>
> "그냥 입을 다무세요! Shut up!"

순간 통역자도, 나도 할 말을 잊고 짧은 침묵이 흘렀다. 우리가 무엇을 잘못했나? 하지만 이내 모두 웃었고 순간의 긴장이 큰 통찰을 주었다. 나도 22년 동안 코칭을 했지만 저렇게 단호하게 말할 수 있을까? 누구보다 '코칭을 코칭답게' 하기 위해 고군분투해 왔지만, 레이놀즈 박사의 말 뒤에 있는 확신은 부럽기까지 했다. 연이어 앙코르 강연을 개최했고 레이놀즈 박사가 추구하는 코칭과 ㈜CiT코칭연구소(역자들이 함께 하는 코칭교육기관)가 지향하는 코칭이 너무나 일치한다는 것을 알게 됐다. 그래서 2020년도 비즈니스 및 코칭 서적 분야에서 전 세계 베스트셀러 1위였던 이 책을 우리나라에 빨리 소개하고 싶다는 열망으로 직접 번역하기로 결정했다.

번역을 시작하고 내용을 깊게 들여다보고 함께 논의하면서 우리 역자들은 또 한 번 놀라지 않을 수 없었다. 감탄했다. 레이놀즈 박사는 조직심리학의 석학으로서 왜 코칭이 효과적인지, 이 시대에 코칭이 왜 필요한지를 교육학, 심리학, 뇌과학의 이론에 근거해 설득력 있고 체계적으로 설명하고 있었다. 특히 존 듀이John Dewey의 성찰적 탐구 활동Reflective Inquiry은 코칭 철학을 코칭 현장에서 구현할 수 있는 실질적인 방법론으로 제시되고 있었다.

인간은 '무한한 가능성을 가지고 있는 존재'이다. 코치들뿐만 아니라 누군가를 성장시키기를 갈망하는 이들(리더, 교육자, 부모 등)에게 이 철학적 명제는, 믿고 싶지만 동시에 수많은 내적 갈등을 야기하는 풀기 어려운 숙제와도 같다. 나 역시도 이 철학에 매료되어 코칭에 입문했지만 코칭하는 매 순간이 도전이었다.

몇몇 코치들조차도 무한한 가능성을 가지고 있는 존재로서의 인간은 단순히 우리 모두가 믿고 싶은 이상일뿐, 눈앞에 펼쳐지고 있는 현실에서는 코칭이 아닌 다른 그 무엇이 효과가 있다면 그것을 같이 해야 한다고 주장한다.

하지만 레이놀즈 박사는 그 무언가를 섞는 그런 코칭은 이 세상에 없다고 단호하게 일침을 가하고 있다. 가르치거나 문제를 해결해 주려고 하는 역할을 내려놓고 기꺼이 코치가 될 수 있는지를 묻는다. 누구보다 기업에서 코칭을 전문적으로 하고 있는 레이놀즈 박사의 이 말은 강력하다. 사이다 한 잔을 들이켠 기분이다.

질문은 강력한 힘을 가지고 있지만, 질문이 코칭의 전부는 아니다. 그럼에도 불구하고 전문코치들에게 질문은 넘고, 또 넘고, 또 넘어야 하는 산처럼 느껴진다.

레이놀즈 박사는 질문을 '외워야 하는 리스트'로 생각하는 것은 코칭을 더더욱 어렵게 만든다고 말한다. 열린 질문을 해야 한다는 강박에서 벗어나서 그냥 코치가 관찰한 것을 그대로 돌려만 주어도 상대(고객)에게는 또 다른 관점을 가질 수 있게 한다고 한다.

상대(고객)가 자신의 이야기를 충분히 할 수 있도록 하는 것이 중요하다. 스토리story에는 그 사람의 삶과 감정이 담겨 있으며, 그 감정은 이야기를 단기 기억에서 장기 기억으로 저장하는 데 결정적인 역할을 한다. 코칭의 세계에서는 GROWGoals, Reality, Options, Will[1]가 코칭 대화모델로 소개되고 있다. 하지만 우리 역자들은 STARStory, Target, Action Plan, Recap 대화모델을 사용하고 있고 코칭에서 스토리가 얼마나

---

1 —— 존 휘트모어(John Whitmore)가 코칭대화모델로 소개했다고 전해지기도 한다. (역주)

중요한지를 강조하고 있던 터라 그 근거가 명확하게 제시되어 반가 웠다.

정보의 홍수 속에 살고 있는 우리 현대인들에게 필요한 정보를 빨리 찾는 역량이 자산처럼 느껴지기도 한다. 특히 조직 내에서는 정확한 팩트Fact를 근거로 움직이려고 한다. 객관적 사실이 큰 변화를 가져올 것이라 믿기도 한다. 하지만 레이놀즈 박사는 인간을 움직이는 것은 정보도, 사실도 아니며 통찰을 기반으로 한 배움Insight-based learning 이라고 말한다. 변화를 꿈꾸고 새로운 결과를 원한다면 개인이든 조직이든 코칭을 적극적으로 활용해서 효과를 얻을 수 있다. 혁신을 원한다면 혁신을 공부하는 조직이 아니라 혁신을 실천하는 조직이 되어야하고 그 과정에서 실질적인 변화를 이끌어내는 현실적인 방법론이 코칭이다.

코칭은 대화로 진행된다. 인간의 진화는 말과 대화가 있어 가능했기 때문에 코칭이 특별한 전문 영역으로 대중에게 인식되기까지는 많은 어려움이 있다. 코칭을 유사 영역과 구별하는 가장 차별적인 특징 중에 하나는 코칭 세션(보통 1시간에서 1시간 30분간 코치와 고객이 진행하는 코칭)의 시작과 끝이다. 코칭 대화를 시작하면서 어떻게 고객과 함께 코칭 주제를 합의하고 코칭 세션에서 기대하는 결과를 합의하는지, 코칭 대화를 마치면서 새롭게 발견하고 배운 것이 무엇인지를 나누고 자신의 삶에서 주도적으로 실행함으로써 실질적인 변화를 이끌어낼 구체적인 실행계획을 수립하는 것의 중요성과 방법론을 레이놀즈 박사는 코치들이 생각하고 있는 것보다 훨씬 더 강력하게 언급하고 있다.

레이놀즈 박사는 그 모든 스킬을 뛰어넘어 코칭은 한 인간의 삶이며 한 조직의 문화임을 강조하고 있다. 스킬만을 적용하는 코치가 아니라 상대(고객)를 사랑하는 코치로서 머리와 가슴, 그리고 육감肉感까지 온전히 가지고 존재하기 위해 어떻게 개방적이어야 하는지, 코치의 마인드셋을 이야기하고 있다. 조직에 있는 많은 사람들이 인간에 대한 존중과 코칭 접근법에 동의한다면 서로 연결되고 각자의 생각과 스토리를 이야기하고 공유할 수 있는 용기 있는 조직이 될 것이라고 한다.

번역하는 동안 역자들은 코치로서 성장하는 과정에서 직면했던 도전과 코치로서의 자부심을 태평양 건너 파란 눈의 동료 코치로부터 공감 받은 듯한 느낌을 받았다. 역자들이 교육하고 있는 3Cs™[2]에 담고 있는 내용이 고스란히 담겨 있는 것을 발견하고 놀라기도, 기쁘기도 했다.

희열을 느꼈다. 어떻게 이런 일이 가능할까? 심지어 역자 중에 한 코치는 내가 이 책을 먼저 읽고 3Cs™ 프로그램을 만든 것이 아닌가 질문하기도 했다.

---

2 —— 국제코칭연맹(ICF)으로부터 2015년에 인증 받은 코칭프로그램이다. (역주)

레이놀즈 박사 역시 코치로서 성장하는 과정과 경험을 이 책에 담은 것이기에, 시공간을 뛰어 넘어 같은 고민을 하고 유사한 발견을 한다는 것은 어쩜 너무나 당연한 귀결인 듯하다. 코칭을 코칭답게 하려고 끊임없이 고민하는 사람이라면 자연스럽게 도달하게 되는 결론이지 않을까.

전문 번역가가 아닌 역자들에게 번역이 쉬운 일은 아니었지만 전문코치로서 레이놀즈 박사가 의미한 것이 무엇인지를 최대한 담아내고 싶고 훼손하고 싶지 않았다. 의문이 드는 것이 있으면 직접 소통하며 저자의 본뜻과 코칭의 핵심이 온전히 담기기를 희망하며 번역했다. 다섯 명의 역자 모두가 상호 체크하고 치열하게 번역에 몰입하면서 우리가 번역을 하고 있는지, 코칭에 대한 논의를 하고 있는지, 표준 한국어를 다시금 배우는 시간인지 헷갈렸지만 한결같이 전문코치로서 기본으로 다시 돌아가야 한다는 것에 공감하며, 'Back to Basics'하는 기회가 되었다.

원문에 최대한 가깝게 번역하기 위해 조금이라도 모호한 것이 있으면 영어를 병기했다. 코칭 영역에서 자주 사용되는 영어 단어를 번역하는데 있어서 영어의 미묘한 차이를 반영하기 위해 다음을 정리해 보았다. 참고하면 도움이 될 것이다.

1장
▶ Inquiry: 질문이 아닌 탐구 활동으로 번역했다.

6장

▸ Goal: 목표 ─ 코칭 전체 기간 동안의 목표를 말한다.

▸ Outcome: 한 세션에서 합의된 결과라는 의미이다.

7장

▸ Commitment/Commitment to action: 실행약속.

▸ Plan/Plan to action: 실행계획, 행동 리스트.

8, 9, 10장

▸ Presence/Be present: Presence는 '존재감, 존재하다'는 뜻이지만 이 책에서는 단순히 존재하는 것이 아닌, 코치가 고객과 온전히 함께 하는 Here&Now 것을 표현하고 있어 그 느낌을 잘 전달하기 위해 Presence를 '프레즌스'로 그대로 번역했다. 또한 Be present는 '존재하다'로 번역했다.

▸ Mind, heart, guts: 신경계의 주요 세 가지 기관으로 의식 Mind, 가슴 Heart, 육감 Guts, 肉感 을 말하고 있다. 책 내용의 맥락에 따라 Mind는 의식, 마음, 머리로 번역했다.

▸ 저자는 듣는 것 Listening 과 받아들이는 것 Receiving 을 구분하고 있다.

이 책은 전문코치들을 위한 책이기도 하지만, 코칭이 인간에 대한 것이기에 자신을 사랑하고 타인을 존중하며 함께 성장하고 행복하기를 원하는 모든 이들을 위한 책이기도 하다. 특히 조직의 리더들은 '코칭하는 리더Leader as Coach'가 되라는 요구를 받고 있지만, 이것은 단순히 코칭 스킬을 적용하라는 뜻이 아니다. 성과를 내는 도구로 구성원을 바라보는 것이 아니라, 한 인간으로서 감정과 욕구를, 그리고 그 사람만의 맥락이 있음을 이해하고 존중하라는 의미이다.

자신의 인생에서 주인공이 되는 삶을 살고자 한다면, 자신과 함께하는 사람들이 스스로의 삶에서 주인공이 되는 것을 인정해 주고 존중해 주어야 한다. 그러기 위해서는 지금까지와는 다른 방식으로 사람과 사람을 연결해 주는 대화가 이뤄져야 한다. 이것이 "문제를 코칭하지 말고 사람을 코칭하라"라고 하는 레이놀즈 박사의 깊은 뜻이지 않을까 한다.

우리 모두는 "인간의 영혼을 위한 전사A warrior of the human spirit"라고 레이놀즈 박사가 마거릿 휘틀리Margaret Wheatley의 말로 마무리했듯이 내 영혼과 마음, 그리고 몸이 분리되지 않고 온전히 함께 하는 삶을 살기를 희망하며 우리의 번역을 마무리하고자 한다.

2023년 10월
5인의 전문코치 역자 대표 박정영(MCC, KSC)

목차

【 1부 】

코칭 대화란 무엇인가 ⋯ 27

【 2부 】

다섯 가지 핵심 실천 방법 ⋯ 89

3부

세 가지 멘탈 습관 ··· 235

코칭 대화란 무엇인가

코칭은 좋은 질문을 하는 것, 그 이상이다.

...

(마샤 레이놀즈)

국제코칭연맹의 창립 멤버들은 "코칭은 왜 상담이나 심리치료와 다른가?"라는 질문을 했고, 이 대화로부터 국제코칭연맹의 코칭의 정의는 시작되었다.

코칭은 고객의 개인 및 직업적 잠재력을 극대화하도록 영감을 불어넣고 사고를 자극할 수 있는 창의적인 프로세스 안에서 고객과 파트너가 되는 것Partnering이다.[1]

이 정의에서 가장 중요한 단어는 "파트너가 되는 것"이다. 코치는 관련이 있는 경험이 있거나 교육을 받았더라도 전문가나 분석가로서 행동하지 않는다. 코치는 기본적으로 고객이 자신의 창의성과 자원을 활용해 자신의 문제를 해결하고 장애물을 극복할 수 있도록 돕는 생각 파트너Thinking Partner이다.

코칭의 지속적인 성장을 가능하게 하는 열정과 헌신은 코치와 고객 모두의 코칭 경험에 근거한다. 내가 충고하고자 하는 충동에 굴복하지 않고 고객이 오래된 신념에 고착되어 있었다는 것을 스스로 깨닫고 자신을 보고 웃을 때, 나에게는 이보다 더 뿌듯한 것은 없다.

1 —— International Coaching Federation, "Core Competencies," accessed December 13, 2019, http://coachfederation.org/core-competencies.

나는 고객들이 자신의 문제에 대한 해결책을 스스로 발견하고 눈을 반짝이는 모습을 보는 것이 너무 좋다. 고객들은 자신의 꿈을 따르면서 누구에게도 상처를 주지 않을 것이라는 것을 깨닫고 안도하고 감사한다. 고객들이 용기를 내고 자신의 욕구를 실현해 나가는 모습을 보면서 그들이 행동하도록 돕는 것이 나의 즐거움이다.

사람들이 성장하고자 하는 욕구를 가지기 위해서는 누군가가 자신을 봐주고 있고, 들어주고 있으며, 자신이 가치 있다는 것을 느낄 수 있어야 한다. 이러한 공간에서 창의적 두뇌가 활성화되며, 스스로의 생각과 행동을 탐구할 수 있을 정도로 충분히 안전하다는 느낌을 받는다. 자신의 판단과 두려움을 드러내는 것은 불편할 수 있지만 이러한 장애물을 극복하는 방법을 발견한다면 강력한 힘을 느끼게 된다.

인간은 본질적으로 창의적이고 기량이 풍부하며 온전하다는 것을 많은 구루들이 말해왔지만, 이 개념은 심리학자 알프레드 아들러Alfred Adler의 연구에서 처음으로 언급되었다. 아들러는 우리가 자신의 잠재력을 깨닫는 순간 느끼는 힘을 믿어야 한다고 말했다. 그는 "사람은 이해하고 있는 것보다 훨씬 더 많이 알고 있다"고 말했다.[2]

알프레드 아들러는 그의 스승인 지그문트 프로이트Sigmund Freud

2 —— 알프레드 아들러, 『사회적 관심』 정명진 옮김, 부글북스, 2022.

의 이론에서 벗어나, 사람들이 발전하도록 돕기 위해서 그들의 심리적 히스토리를 파헤칠 필요가 없다고 했다. 아들러가 말한 대로, "우리는 상황에 대해 부여하는 의미로 자기 자신을 결정한다"면 의미를 변화하거나 확장함으로써 자신과 행동을 정의하는 새로운 가능성이 열린다.[3]

아들러의 시각은 많은 현대 치료법을 발전시켰다. 그리고 아들러가 대중들에 대해 가지는 '존중'은 코칭의 기본 개념이기도 하다. 의사결정이나 행동에 확신이 없을 때 심리치료를 찾기보다, 자신의 사고방식을 탐구하는 것이 이롭다는 것을 아는 사람들을 위해 코칭이 그 공백을 메운다.

'성찰적 탐구 활동'이라는 용어는 어디에서 유래되었는가?

코칭 관계를 정의한 아들러에게 감사를 전한다. 코칭은 인지행동치료나 질문 기반의 컨설팅과 유사할 수 있지만, 실제 코칭의 실천 방

---

3 —— 알프레드 아들러, 『사회적 관심』

식은 심리치료나 상업적 접근보다는 존 듀이 John Dewey 의 학습 이론에 더 직접적으로 연관되어 있다.

듀이는 1910년 그의 대표적인 책,『하우 위 씽크 How We Think』에서 '성찰적 탐구 활동 Reflective Inquiry'의 실천 방법을 정의했다.[4] 교육개혁가인 듀이는 학생들의 뇌에 정보를 입력하고 그것을 암기하는 스킬을 시험하는 방법을 바꾸고 싶었다. 그는 선생님에게 더 많은 질문을 하도록 권장할 뿐만 아니라, 학생들의 학습이 확장될 수 있도록 열린 마음을 가질 수 있게 학생 스스로 알고 있다고 생각하는 것을 의심할 수 있도록 자극하는 탐구 Inquiry 방법을 정의했다.

듀이는 비판적 사고를 자극하는 도구와 소크라테스식 질문을 결합하면 학생들이 자신의 생각을 진지하게 고려할 수 있도록 깊이 들어갈 수 있게 자극할 것이라고 생각했다. 학생들은 그 후에 자신이 알고 있는 것과 모르는 것을 구별할 수 있게 되며, 명확한 믿음을 확인하거나 부정하고, 두려움이나 의심의 가치를 입증할 수 있게 된다. 듀이는 성찰적 탐구 활동이 "우리의 마음속 나무를 오르게 해 주는 것과 같다"라는 은유적 표현을 사용하기도 했다.[5] 우리는 우리의 사고 속에 있는 연결과 결함을 탐구함으로써, 다음에 무엇을 해야 할지 더 잘 찾

---

4 —— 존 듀이,『하우 위 씽크』정희욱 옮김, 학이시습, 2010.
5 —— 존 듀이,『하우 위 씽크』

을 수 있는 더 큰 시야를 얻게 된다.

나무 꼭대기에서 영화 보는 것처럼

성찰적 탐구 활동은 우리가 판단하도록 하는 생각과 신념을 거울과 같이 비추는 진술을 포함한다. '미러링Mirroring' 또는 '적극적 재생Active Replay'이라고 부르는 이 방법은 코치가 고객이 표현하는 핵심 구절을 '요약Summarize' '환언Paraphrase' '인정Acknowledge'하거나, 고객이 표현하는 감정과 제스처를 공유하는 것을 포함한다. 그러고 나면 고객은 말의 의미를 설명하거나 수정하며 단어의 의미를 확장한다.

이때 고객은 자신의 생각을 들여다보는 동안 눈을 올리거나 내리거나 옆으로 돌리며 침묵 속으로 빠질 수 있다. 코치로서는 고객이 생각할 수 있도록 코칭을 일시적으로 멈추고 조용히 있어야 하기도 한다. 조용히 있는 것이 어려울 경우, 코치는 "지금 뭔가를 고민하시는 것 같아요. 지금 무슨 생각이 드나요?"와 같이 성찰할 수 있는 질문을 제공할 수 있다.

코치가 반영적 진술Reflective Statement(역자설명―고객의 말과 감정을 반영한 말)을 사용하면, 고객은 자신이 한 말을 들으며 자신의 신념이 어떻게 인식을 형성하게 되는지를 보게 되고, 자신들이 표현하는 감정을 직면하게 된다. 그런 다음 코치가 확인하는 질문(이것이 당신이 믿는 것인가요?) 또는 탐구적인 질문(무엇 때문에 망설이고 있나요?)을 하게 되면, 고객이 멈추고 자신의 생각을 들여다보도록 이끌게 된다.

코치는 '반영적 진술'과 질문을 사용해서 사람들이 어떻게 생각하는지에 대해 성찰하도록 한다.

코칭한다는 것에는 에너지의 변화, 목소리 톤, 말하는 속도, 억양 및 행동을 '알아차리는 것Noticing.'이 포함되어 있다. 코치는 고객의 신념과 가정이 얼마나 진실한지, 또 어디까지인지 검토하기 위해 그것들을 '되감아서 보여준다Play Back.' 복잡한 결과와 가능성을 '요약'해 고객이 받아들이거나 수정할 수 있는 문장을 제공한다. 고객이 거부감을 보일 때 '관찰한 것을 제공'한다. 행동과 성장을 강화하기 위해 진척 상황을 '반영'해 준다. 반영적 진술을 제공하는 목표는 고객을 특정 방향으로 이끄는 것이 아니라 그들의 생각을 명확히 하고 평가하는 데 도움을 주고자 하는 것이다.

코치는 반영적 방법을 통해 고객이 말하고 표현한 것에 대해 스스로 생각하도록 응원한다. 코치는 고객이 방어적이거나 불편한 반응을 보이더라도 그것을 받아들인다. 여기서 고객이 코치가 관찰한 내용을 처리하는 동안, 어떠한 판단도 없는 공간을 조성하는 것은 고객의 발전에 있어 중요하다.

존 듀이는 교육 체계를 개혁하는 데 성공하지는 못했을 수도 있지만, 사람들의 마음을 어떻게 성장시킬지에 대해서 정의했던 그의 선물은 훈련받은 코치들의 행동에 자연스레 녹아들어 있다.

코칭은 기분 좋게 하는 것만은 아니다

내가 아는 대부분의 사람들은 문제를 해결하다가 무엇인가에 막혔다고 느꼈을 때, 누군가와 함께 대화하는 것을 좋아한다. 문제에 대해 이야기하는 것은 목표를 달성하는 데 있어 자신의 생각이 어떻게 도움이 되거나 방해가 되는지 살펴볼 수 있게 도와준다. 이때 사람들은 구체적이지 않은 격려를 원하지 않는다. 특히 성취지향적인 사람들에게 "당신은 할 수 있어요"라는 말은 잘난 체하는 느낌을 들게 할 수 있다.

사실, 좋은 코칭은 항상 편하지만은 않다. 학습은 우리가 선택할 때 기준이 되었던 신념과 가정에 대해 의심을 품게 되는 어색하고 불확실한 순간에 일어난다. 듀이 또한 학습하는 과정에서 내재적으로 불안감이 수반된다는 것을 인정했다.

우리가 알고 있다고 생각하는 것을 깨뜨리는 데에는 예상치 못했던 사실, 혼란스럽게 하는 반영 또는 예리한 질문이 필요하다. 그렇게 되면 우리는 배움에 개방적이 된다. 깨달음의 과정이 언제나 기분 좋은 것만은 아니다. 그러나 시간이 지남에 따라 우리는 일반적으로 우리가 얻는 통찰력에 감사한 마음을 갖게 된다.

예를 들어 이전에 내 속마음을 정말 잘 알아보는 묘한 능력을 가진 상사가 있었다. 그는 나를 움직이게 하는 것, 내가 절실히 원하는 것, 나의 길을 가는데 있어 생각을 방해하는 것이 무엇인지를 알고 있었다. 그의 질문들은 내 마음의 벽을 뚫어 내가 보지 못하는 블라인드 스폿Blind Spot(역자설명—사각지대)을 볼 수 있게 해 주었다. 이러한 깨달음은 종종 고통스러웠지만, 나는 내가 다르게 해야 했었다는 것을 알게 되었다.

또 한 번은 무능력한 동료로 인해 내게 일이 몰려 화가 많아지고 신경적이게 된 시기가 있었는데, 그 상사는 "모든 사람이 당신을 실망시키는 것 같군요"라고 관찰한 것을 말했다. 내가 잠깐 그의 말에 대해 생각하는 동안, "그래도 누군가는 당신에게 충분히 좋지 않나요?"라고 덧붙였다. 나는 더 이상 할 말이 없었다.

나는 책상으로 돌아와 그동안 내가 항상 다른 사람들의 결점에만 초점을 맞췄던 것은 아닌지 생각해 보았다. 이 습관이 몇 년 동안 나의 인간관계를 어떻게 해쳤는지 볼 수 있었다. 그 상사는 하나의 반영적 진술과 하나의 질문으로, 내가 직장에서 이 습관을 어떻게 활용하고 있는지를 직면하게 해 주었다. 그 후 다시는 나의 업무에서 예전과 같은 관계를 볼 수 없었다.

그의 관찰과 질문은 나를 멈춰 세우고 나의 생각에 의문을 품게 했는데, 이것은 나를 몹시 불편하게 했다. 그러나 이런 불편함 속에서,

나는 내가 남들보다 낫다는 것을 증명하기 위해 다른 사람들과 얼마나 거리를 두고 있었는지를 깨닫게 되었다. 나는 리더가 되고 싶었지만, 실상은 불평쟁이였다. 이 아픈 진실 덕분에 나는 내가 어떻게 하면 다른 사람들과 더 잘 일할 수 있는지, 또 언젠가는 그들을 어떻게 이끌 수 있는지를 배우게 되었다.

최고의 코치는 우리의 논리에 빈틈이 있다는 것을 깨닫게 해준다. 우리가 무엇을 알고 있는지 확신하지 못하는 순간에 배움이 일어난다. 이것이야말로 좋은 코칭이다.

비록 현재 모든 고객이 자신의 생각을 분류할 때 코치가 '사운딩 보드Sounding Board(역자설명—음향의 투사를 돕기 위한 반사체로서 말하는 사람의 이야기를 들어주는 사람)'의 역할을 해 주기를 원하지만, 코치는 고객이 자신과 세상을 더 넓은 방식으로 볼 수 있도록 여전히 호기심을 사용할 수 있다. 코치는 듀이가 가능하다고 상상했던 방법으로 이 과정을 구현해낸다.

우리는 코칭의 의도로부터 멀어져 왔다

나는 성인 학습/교육 설계 분야에서 두 번째 석사 학위를 받았다. 항상 학생들에게 무엇을 평가할 것인지 미리 알려줌으로써 학생들이 학습에 집중할 수 있도록 해야 한다고 말씀하셨던 교수님 한 분을 잊을 수가 없다. 학생으로서 나는 이 조언이 좋았고, 수업에서 A학점을 받고 싶었다. 졸업 후에 배운 것을 어떻게 적용할지는 생각하지 않고 있었다. 그저 A학점을 받기에 충분한 만큼 배우고 싶었다.

나는 아직도 가르친 것을 평가하는 것이 옳다고 생각한다. 그러나 전 세계적으로 코치 교육 프로그램을 수강하는 학생들 중 자격증 취득을 위해 특별한 코칭 단계를 배우고 싶어 하는 학생들이 많아지고 있다. 고객과의 관계가 아니라 좋은 평가를 중심으로 코칭 학습의 초점이 이동한 것이다. 국제코칭연맹이 데이터 기반으로 코칭을 합법화하기 위해 노력하지만, 이러한 노력들은 종종 코칭의 본래 의도를 무색하게 한다. 물론 증거에 기반한 접근 방식은 평가자의 주관성을 배제하기 위해서 중요하다. 행동에 대한 설명이 트레이너나 멘토에게는 유용할지는 모르나, 학생들에게 평가의 조건을 구체적으로 전달하는 것은 코칭을 마치 '공식이 있는 과정Formulaic Process'처럼 접근하게 만들어왔다. 코칭을 기억에 남도록 하려는 시도에서 코칭의 본질은 사라져가고 있다.

코칭 역량은 결코 행동 체크리스트를 의도한 것은 아니었다. 나는 그 역량들이 만들어질 당시 국제코칭연맹 지도부의 일원이었는데, 우리는 사람들이 자신의 내면에서 학습하는 그 변혁적 경험에 초점을 두었다. 그 역량들은 대화가 어디로 흘러가는지 파악하고, 실천에 대한 약속으로 마무리하는 것, 즉 시작과 끝을 의미한 것이지 순서대로 따라야 한다는 의도는 아니었다.

나머지 역량들은 코치가 고객과 함께 존재하는 방식을 반영했다. 고객이 말하고 표현하는 것에 대해 코치는 어떠한 판단도 내리지 않고 완전히 수용해야 한다. 그렇게 해야 고객의 의도와 의미에 대해 능숙하게 호기심을 가질 수 있다. 코칭에는 단 하나만의 옳은 방법이 있는 것이 아니다. 코칭은 코치와 고객 사이의 즉흥적인 과정이다.

> 코칭 역량은 자기 발견을 촉진하도록 프레임워크를 제공한다. 코칭 역량은 반드시 해야 하는 말과 질문 체크리스트가 아니다.

초기 국제코치연맹의 리더들은 코칭이 세상에 긍정적인 영향을 줄 것으로 믿었기 때문에 코칭 전문성을 구축하기로 했다. 코치와 고객 사이에 안전하고 배려할 수 있는 관계를 구축해 누군가 자신을 바라봐 주고 있고, 자신이 가치 있다고 느낄 수 있도록 하는 것에 중점을 두었다. 그리고 나서 달성하고자 하는 결과에 대해 합의한 후에는, 코치의 호기심으로 자연스럽게 대화가 이루어졌다. 코치는 목록, 모델, 공식을 외우지 않았다. 나는 2020년에 개정된 국제코칭연맹의 역량이 창립자들의 열망을 더 잘 반영하고 있는 것을 보게 되어 기쁘다.

코칭은 반영Reflection하고 질문하는 것 그 이상이다. 코치는 시간이 지날수록 신뢰가 깊어지는 유대감을 형성해야 한다. 코치가 효과적인 생각 파트너가 되는 데에는 이러한 관계가 필수이다. 코치의 용기, 배려, 호기심, 그리고 고객의 잠재력에 대한 믿음이 코칭 역량들을 작동하게 한다. 첫 코칭 수업 때, 국제코칭연맹의 창립자인 토머스 레너드Thomas Leonard는 코칭을 해야만 코칭을 배울 수 있다고 말했다. 우리는 무엇을 해야 할지 몰라서 어리둥절했지만, 그는 첫 수업만으로도 코칭을 시작할 수 있을 만큼 충분히 배우게 될 것이라고 말했다. 그런 다음에는 그냥 나가서 "고객을 사랑하면 된다"라고 덧붙였다.

나는 이 조언을 20년 이상 사용해왔다. 그리고 대부분의 경우, 내 고객들도 내게 그 사랑을 돌려주었다.

나는 모든 코칭에 대한 대화에 코칭의 기술뿐만 아니라 마음도 가지고 오기를 원한다. 나는 이 책을, 어떤 학교를 다니건, 어떤 자격을 취득하고자 하건, 어떤 역할에 있건 상관없이 코칭을 사용하는 모든 사람들을 위한 가이드가 되기 위해 썼다.

2부에서는 코칭의 효과를 보장하는 연습 방법을 제공하지만, 3부에서는 코칭을 매우 강력하게 만드는 관계를 형성하는데 필수적인 멘탈 습관에 대해 다룰 것이다. 무엇을 질문하고 말해야 할지에 대한 리스트를 찾을 수는 없겠지만 대신, 이 복잡하고 불확실한 세상에서 함께 학습하고 성장하는 사람들의 능력을 어떻게 확장할 수 있는지를 발견하게 될 것이다. 이 여정을 선택한 여러분에게 경의를 표한다.

1장

사람을 코칭한다는 것이
그토록 강력한 이유는 무엇일까?

아이디어는 좋든 나쁘든 우리의 규칙이다.

...

(존 듀이)

글로벌 기업의 결정적인 리더십 역량 중 하나가 코칭 스킬을 활용하는 것이다. 외부 코치를 고용할 때 대부분의 기업 담당자들은 코칭 자격증이 의미하는 것이 무엇인지 잘 모르는 경우에도 코칭 자격증을 요구한다.

소비자 측면에서는 코칭 가치에 대한 인식이 높아지고 있다.[1] 그러나 불행하게도 미국 연방거래위원회Federal Trade Commission에 따르면, 아직도 자신들의 프로그램으로 큰돈을 벌 수 있다고 약속하는 '비

---

1 —— International Coach Federation, "Global Consumer Awareness Study," 2017, https://coachfederation.org/research/consumer-awareness-study.

즈니스 코칭 패키지'를 판매하는 사람들에게 많은 사람들이 돈을 잃고 있다고 한다.[2] 전 세계적으로 코치를 고용하는 사람들의 수는 늘어나고 있지만, 전문적인 코칭의 가치가 지속적으로 높아지기 위해서는 코치와 프로그램이 전문적인 기준을 준수하고 있는지 평가하는 방법을 대중에게 알려야 하는 일이 아직 남아있다.

코칭의 성공과 지속적인 성장은 하나의 사실, 즉 코칭이 효과가 있다는 것에 근거하고 있다. 코칭만큼 효과적인 동기부여와 영향력에 대한 다른 시도들은 없다.

코칭은 어떻게 작동하는가

대부분의 사람들은 존 듀이의 중요한 업적과 코칭을 관련시키지 않는다. 그들에게 코칭의 기원을 물어본다면 코칭교육기관의 최초 창립자들, 존 휘트모어Sir John Whitmore나 칼 로저스Carl Rogers의 교육, 신경언어프로그래밍Neuro-Linguistic Programming, NLP 마스터 또는 자신이 좋아하는 리더십 서적에서 찾는다고 말할 것이다. 이것들은 물론 코칭

---

2 —— Lesley Fair, "Business 'Coaches' Ejected from the Game—for Life," Consumer Information, Federal Trade Commission, Division of Consumer and Business Education, February 14, 2019.

1부. 코칭 대화란 무엇인가

도구의 좋은 원천이다. 다만, 이러한 코칭 도구들이 작동하는 이유를 현재의 코칭 구루들이 태어나기 오래전인 존 듀이가 쓴 글에서 찾을 수 있다.

그 누구도 자신의 생각을 스스로 변화시킬 수 없기 때문에 코칭의 가치는 더욱 빛난다. 우리가 스스로를 얼마나 논리적이라고 여기는지와 상관없이, 인간은 서둘러 내린 선택을 합리화하는 데에 능숙하다. 또한 이러한 선택이 결국 잘못되었다고 해도, 우리가 할 수 있는 한 누구나 혹은 무엇이든지 간에 그것을 비난하는 것에도 특별나게 뛰어나다. 대니엘 카너먼Daniel Kahneman은 그의 책『생각에 관한 생각Thinking, Fast and Slow』에서 특히 감정이 결부된 경우에는 스스로를 탐구하는 것에 저항한다고 한다.

인간은 혼자서 잘 변화하지 않는다. 부정적인 사고방식을 멈추기 위해서는 머리 밖의 누군가로부터 우리의 생각에 대한 반영과 왜 그렇게 생각하는지 궁금증을 불러일으키는 질문을 받아서 우리 자신을 혼란스럽게 만들어야 한다.[3] 이렇게 반영하는 말과 질문은, 읽고 분석해야만 하는 책이 눈앞에 펼쳐진 것처럼 우리가 만들어낸 이야기를 볼 수 있도록 해준다.

3 —— 대니얼 카너먼, 『생각에 관한 생각』, 이창신 옮김, 김영사, 2018. 카너먼은 이 책에서 우리의 뇌가 어떻게 게으른지 그리고 외부로부터 생각을 방해받았을 때 어떤 일이 일어나는지 설명한다.

어른들도 아이들만큼이나 이러한 도움이 필요하다. 때로는 아이들보다 더 많이 필요할 때도 있다. 우리는 나이가 들어감에 따라, 더 경직된 사고를 하게 된다. 행동을 합리화하고, 감정을 무시하며, 자신의 생각을 맹목적으로 믿는 데 달인이 된다. 우리는 사회적 압력으로부터 자유로울 수가 없다. 너무 바빠서 멈춰 서서 우리의 믿음과 선택을 검토할 수 없다.

듀이는 성찰적 탐구 활동이 학습에 개방적이 되도록 할 뿐만 아니라 고정 관념과 뿌리박힌 편견을 밝혀주도록 할 것이라 말했다. 신념, 가정, 두려움, 욕구, 가치 충돌을 수면 위로 올림으로써 의사결정과 행동을 더 잘 평가할 수 있다. 그는 또한 사람들이 자신의 생각에 대해 생각하도록 자극하는 것이 "잘못된 신념과 무의식적 자동 조종에 대한 가장 강력한 해독제"라고 말했다.[4]

반영은 우리로 하여금 "와, 내가 나 스스로에게 하고 있는 것을 봐"라고 말할 수 있도록 이끈다. 때로는 "그것은 내 말이 아니야. 누군가가 나에게 한 말이야"라고 생각할 수 있게 만들기도 한다. 우리는 우리의 이야기를 객관적으로 볼 수 있는 관찰자가 된다.

질문이 뒤따르는 성찰은 우리를 멈춰 세우고 우리로 하여금 우리

4 —— Maria Popova, "How We Think: John Dewey on the Art of Reflection and Fruitful Curiosity in an Age of Instant Opinions and Information Overload," Brain Pickings, https://www.brainpickings.org/2014/08/18/how-we-think-john-dewey/.

의 생각과 행동에 의문을 품게 한다. 이러한 혼란은 우리 자신과 세상을 어떻게 보는지, 또는 적어도 우리가 어떤 딜레마를 어떻게 형성하고 있는지에 대한 변화를 만들어낸다. 이는 전문가로부터 우리가 무엇을 해야 하는지를 들었을 때보다, 더 강한 의지로 새로운 길을 나아가기 위해 움직이게 한다.

> 반영적 진술은 사람들이 말하고 있는 것에 대해 생각하는 것을 돕는다. 후속 질문은 문제를 해결하고 새로운 행동을 촉구하는 인식의 전환을 만드는 것을 완성한다.

또한 듀이는 자신들의 생각에 대해 생각하는 데 가장 많은 도움을 필요로 하는 이들은 가장 지적인 사람들이라고 말했다. 똑똑한 사람들은 합리화하기의 달인들이다. 자신들의 추론을 전적으로 믿으며 확실한 사실을 통해 자신의 의견을 방어한다. 그들에게 바꾸라고 말하는 것은 시간 낭비다. 똑똑한 사람들이 자신들의 생각에 의문을 품게 하는 유일한 방법은 강력한 반영과 질문을 사용하는 것이다.

리더십 전문가 할 그레거슨Hal Gregersen은 인생과 사업에서 예상치 못한 변화가 항상 코앞에 닥친다고 말한다.[5] 우리는 우리가 알고 있는 것의 경계를 넘어서야 한다. 뇌의 작동 원리에만 의존하게 되면 이러한 탐구에 저항하기 때문에, 우리는 성찰적 탐구 활동을 사용하는 코치와 함께 인생의 딜레마를 더 잘 해결할 수 있다.

코칭에서의 뇌

뇌는 모든 행동에 대한 별도의 사고 과정이 없어도 하루하루를 보낼 수 있도록 무의식적으로 작동하는 구조와 규칙을 갖고 있다. 신경과학자 마이클 가자니거Michael Gazzaniga는 우리가 자동적인 사고 처리에 갇혀, 스스로를 의식적이고 의지적으로 행동하고 있다고 생각하도록 속인다고 말한다.[6]

스스로 간지럽힐 수 없는 것과 같이, 뇌는 생각과 반응에 대해 스스로 부과된 테스트에 저항한다.

5 ——— Hal Gregersen, "Bursting the CEO Bubble," Harvard Business Review, March-April 2017, 76-83.
6 ——— Michael Gazzaniga, Who's in Charge? Free Will and the Science of the Brain (New York: Ecco, 2011), 43.

그리고 나서 우리의 정체성과 일상을 보호하기 위해, 누군가가 동의 없이 우리의 선택에 의문을 제기할 때, 우리는 재빨리 방어적인 태도를 취한다. 우리의 신념이 도전받을 때 화를 내며 반응한다. 자신이 평가를 요청한 상황이 아닌 이상, 우리는 강력한 방어벽으로 우리의 관점을 보호한다. 비록 타인의 주장이 이치에 맞더라도, 잘못된 것을 인식하기보다 신념에 대한 합당한 이유를 찾을 가능성이 더 높다.

다르게 생각하기 위해서는 우리의 생각을 검토하는 것을 도와줄 누군가가 필요하다. 그래야만이 뇌가 즉각적으로 반응하는 것을 막을 수 있다. 자동적인 사고처리를 방지하려면 혼란을 환영해야 한다.

코치를 만나라. 만약 코칭을 원한다면, 그것은 생각과 행동을 멈추고 검토하도록 강요하는 외부의 방해꾼을 초대하는 것과 같다. 뇌는 우리의 생각이 잘못되었다는 것을 지적하는 누군가의 기습에 저항한다. 코칭의 가치를 알게 된다면, 기꺼이 코치를 초빙해 이러한 잘못들을 함께 찾을 것이다.

코칭 vs. 말하기

많은 리더들은 해결책을 찾기 위해 코칭을 하는 것보다 조언을 주는 것이 더 효율적이라고 생각한다. 하지만 그들은 이것이 시간을 절약하는 것이 아니라 오히려 시간을 낭비하고 있다는 것을 깨닫지 못한다.

사람들에게 무엇을 해야 하는지 조언을 던진다면, 그들은 그 순간 이미 알고 있는 것을 사용해 말을 분석하는 인지적 뇌Cognitive brain를 활성화한다. 만약 그들의 현재 지식과 관련이 있거나 그것을 확인하는 것을 제안한다면, 그 말을 순순히 따를 가능성이 높다. 행동하기 전에 자신감을 높이도록 외부의 확인이 필요할 수도 있다.

아이디어를 제공하는 것이 사람들의 행동을 안내하는 효율적인 방법처럼 들릴 수 있다. 틀린 것은 아니지만, 동시에 행동하기 전부터 당신에게 의존해 대답이나 승인을 필요로 하게 만들 위험도 있다. 독립적으로 생각하는 사람이 되지 못할 것이다.

조언을 받지 않는다면 결과는 훨씬 덜 생산적이었을 수도 있다. 조언을 듣는다고 해도, 그 사람은 아주 짧은 시간 안에 그것을 잊어버릴 것이다. 인지적 뇌는 시간과 용량에 의해 제한되는 단기 기억을 사용하기 때문이다. 다른 문제들이 더욱 중요하게 여겨져, 제안받은 요청과 아이디어가 조금씩 밀려나 버린다. 종종 아침에 뭘 먹었는지도 기억을 못 하는데, 누군가가 우리에게 시킨 일은 더더욱 기억하지 못하는 것이 당연하다.

비록 깨어있는 동안 누군가가 말해준 것을 기억한다고 해도, 일단 잠이 들면 그 기억을 잃게 된다. 뇌는 하루 동안 입력된 것 중 장기 기억에 저장할 가치가 있는 것이 무엇인지를 결정하는데, 이때 뇌는 감정을 자극한 정보를 간직한다. 즉 뇌에게 어떤 것이 기억할 가치가 있느지 알려주는 것은 감정이다. 사람들에게 영감을 주거나 독특한 시각으로 충격을 주지 않는 한, 사람들은 다음 날이 되면 당신이 한 말을 기억하지 못할 것이다. 설사 기억한다 할지라도, 기억은 떠올릴 때마다 수정되기 때문에 당신이 말한 것과 정확히 일치하는 기억을 떠올리기는 힘들 것이다.

초등학교 때 치른 시험에 나온 문제를 기억하는가? 오늘 본다면 몇 개나 통과할 수 있을까? 외운 정보는 지속적으로 사용하지 않으면 잃어버리게 된다. 뇌는 그것을 기억할 이유가 없기 때문이다.

우리가 다른 사람에게 무엇을 해야 하는지 말할 때, 인지적 뇌의 단기 기억에 접근하게 되는데, 그곳에서 일어나는 학습은 가장 비효율적이다.

인지적 뇌는 문제 해결에는 좋을지 몰라도, 학습에는 그리 좋지 않을 수 있다. 또한, 답을 얻기 위해 다른 사람에게 의지한다면, 스스로 생각하는 동기를 잃을 수 있다. 이러한 접근 방식은 오랜 기간 동안 일하기를 원하는 컨설턴트에게는 효과적일 수 있지만, 스스로 생각하도록 돕고 싶은 리더, 부모, 교사 또는 코치에게는 적합하지 않다.

코칭 vs. 위협: 피드백에 대한 신화

사람들은 위협을 느끼면 방어적인 자세를 취한다. 부정적인 피드백, 해야만 하는 일, "그렇게 하지 않으면"까지도 위협으로 느껴질 수 있다. 만약 사람들이 이에 순응하면, 뇌는 피드백과 함께, 주어진 지시 사항을 따르는 것이 중요하다는 것을 기억한다.

공포 기반의 학습은 원시적 뇌에서 생존 반응으로 암호화된다. 심지어 다른 환경이더라도 비슷한 상황에 직면하면 사람들은 "그렇게 하지 않으면"의 위협을 피하고 보상을 받을 수 있는 정확한 방식의 행동으로 반응한다. 다르게 행동하도록 지시받는 것을 뇌는 신뢰하지 않는다. 현재 행동이 두려움으로 습득되었기 때문에 변화를 따르려 하지 않는다.

> 두려움에 기반을 둔 학습은 행동을 강화한다. 그러면 뇌는 변화에 저항한다. 이러한 생존 기반 학습은 위험을 감수하는 것과 민첩성을 제한한다.

게다가 피드백은 스트레스, 수치심 및 두려움을 유발한다. 사람들에게 유용한 정보를 제공하더라도 종종 방어적이게 하거나 자신감을 낮춰 창의력과 주도성을 감소시킨다.

하버드 로스쿨 교수인 셰일라 힌Sheila Heen과 더글러스 스톤Douglas Stone은 〈비판에서 코칭을 찾아라〉라는 기사에서, 선의의 의도로 한 피드백이더라도, 지위나 경험의 정도와는 관계없이 리더나 피드백을 받는 사람 모두에게서 "감정적인 반응을 일으키고 관계에 긴장을 유발하며 의사소통을 중단시킨다"라는 것을 발견했다고 했다. 사람들은 배우고 성장하길 원하지만, 동시에 인정받고자 하는 기본적인 욕구도 있다. 특히 원치 않는 피드백은 고통스럽다.[7]

내가 코칭하는 리더들은 여전히 사람들이 피드백을 원한다고 말한다. 하지만 그들의 직속 부하들을 인터뷰해 보면, 개선은 하고 싶지만 피드백은 더 이상 원하지 않는다고 말한다. 그들은 자신이 무엇을 잘못했는지에 초점을 맞춘 일방적인 지시가 아니라 아이디어를 이끌어내고 더 큰 가능성에 눈을 뜨게 하는 양방향 대화를 바란다.

안타깝게도 피드백을 주는 것과 코칭을 혼동하는 경우가 많다. 피드백이 잘 수용된다고 하더라도, 이후 무엇을 해야 하는지 말해버린다면, 무엇을 달리 하면 더 나은 결과를 얻을 수 있을지 결정하도록 하는 코칭을 한 것이 아니다.

누군가가 진정으로 무엇을 해야 할지 몰라서 조언을 구하지 않는한, 피드백은 사람들로 하여금 거부감을 보이게 하거나 순응하도록 하게 한다. 즉 피드백은 사람들의 마음을 성장시키는 것이 아니라 방해

7 —— Sheila Heen and Douglas Stone, "Find the Coaching in Criticism," Harvard Business Review, January-February 2014, https://hbr.org/2014/01/find-the-coaching-in-criticism.

하는 것이다.

코칭은 중뇌를 활성화시킨다

행동 변화에 영향을 미치기 위해서는 생존이나 분석적인 기제보다 창의적인 사고를 자극해야 한다. 상대방이 잘못한 것을 바로 지적하는 것으로 시작하면 안 된다. 상황을 되돌아보도록 요청하면, 대부분 사람들은 자신이 무엇을 잘못했는지 알고 있다는 것을 발견할 수 있을 것이다. 사람들은 자기 자신을 가장 가혹하게 비판하기 때문이다.

먼저 자기 행동을 평가해 보도록 요청해 보라. 그러면 그들이 변화하는 방법에 대한 도움을 요청할지도 모른다. 그때도 당신의 생각을 제시하기에 앞서 상대방의 아이디어를 먼저 탐구하도록 한다.

우리의 뇌 중 중뇌Middle Brain에는 장기 기억이 저장된다. 이전에 습득한 지식을 활용해 새로운 전략을 구상하면, 긍정적인 책임감과 용기가 생기게 된다. 피드백 대신 코칭 접근 방식으로 개선에 대한 대화를 나누면 방어적인 반응 대신 창의성을 자극할 수 있다.

사람들이 어떻게 생각하는지에 초점을 맞추는 성찰적 탐구 활동을 기반으로 하는 대화는 통찰력 기반 학습Insight-based Learning을 촉진한다. 도발적인 질문에 새로운 방식으로 대답하기 위해 저장된 정보의 작은 조각들을 꺼내 연결함으로써 창의적인 생각을 만들어낸다. 생각, 신념, 감정적 반응이 반영되면서 자신의 사고를 검토하게 된다. 합리화와 정당화가 풀리기 시작하면서, 뇌는 빠르게 정보의 작은 조각들을 재정렬해 더 이해하기 쉬운 형태로 만든다. 이때, '아하!'하는 순간Aha Moment과 같은 통찰력이 생기게 된다. 자신과 주변 세계에 대한 새로운 인식을 얻게 해 주는 통찰력 기반 학습은 사람들의 마음과 자신감을 발전시킨다.

반영적 진술과 질문을 사용해 자신이 생각하는 것을 검토하도록 유도하면 창의적이고 중요한 발견을 만들어내게 된다. 이는 자신과 세상에 대한 견고한 믿음으로 이뤄진 자아의 벽을 깨는 것이다. 코칭을 받은 이들은 코치를 응시하며 잠시 동안 머릿속에서 자신의 이야기와 정의에 어떤 변화가 일어나는지 이해하는 과정을 겪는다.

새로운 진실을 처음 마주할 때, 구체적인 표현을 할 수 있을 정도로 새로운 통찰력이 명확해지기 전까지는 감정적인 반응을 일으킬 수 있다. 그러나 이때 무엇을 보거나 배우고 있는지를 코치가 질문함으로써 새로운 인식을 확고히 하도록 도와준다면 고객의 변화는 더욱 견고해진다.[8]

8 —— 마샤 레이놀즈, 『디존: 불편한 질문이 모두를 살린다』, 유정식 옮김, 이콘, 2017.

틀어졌던 업무 관계를 정리하는 데 막막하다고 느꼈던 시간을 생각해 보라. 지난 대화를 아무리 곰곰이 생각해 보더라도 뾰족한 해결책을 생각해 내기 어려웠을 것이다. 상황에 접근하는 새로운 방법은 다른 사람의 말이나 질문을 통해서 찾아낼 수 있다.

신뢰하는 누군가가 자신의 추론에 의문을 던지고 자신을 보호하는 틀을 깨는 질문을 할 때, 사람들은 장기 기억 속에 있는 정보의 순서를 바꾸도록 강요받게 된다. 이런 갑작스러운 붕괴는 누구에게나 어색하게 느껴진다. 그러나 이런 불편함 속에서, 뇌는 학습에 가장 개방적이게 되어 더 새롭고 더 넓은 관점을 갖게 된다. 이전에 진실을 보지 못한 것에 대해 슬퍼하거나 노골적인 분노에 이르기까지 다양한 감정을 느낄 수 있다. 취약하다고 느끼고, 당황스럽고, 심지어 겁을 먹을 수도 있다. 그리고 이렇게 숨이 멎을 정도의 감정을 느낀 후에 자신이 발견한 것을 보고 웃곤 한다.

성찰적 탐구 활동 접근 방식을 사용하는 코칭은 결과와 만족도 모두 향상시킨다. 사람들은 잘못한 점에 초점을 맞춘 일방적인 지시가 아닌, 자신의 아이디어를 이끌어내고 더 큰 가능성을 열어주는 양방향 대화를 원한다.

가끔은 코스를 수정해야 할 때도 있다. 고객이 무엇을 해야 할지는 알지만 실천하지 않는다면, 피드백과 조언을 주는 것이 아니라 고객 스스로가 알고 있는 것을 적용하지 못하도록 막고 있는 것이 무엇인지에 코칭의 초점을 맞춰야 한다.

전략 회의에서 동료들을 존중하지 않는 고객을 코칭한 적이 있었다. 그녀의 상사는 그녀가 동료들의 존경을 얻을 때까지 그녀를 승진시키지 않을 것이라고 했지만, 그녀는 근본적인 변화를 만들어 내지 못했다. 물론 그녀의 행동에 몇 가지 변화는 있었다. 그녀는 회의에서 동료들을 공개적으로 비판하는 것은 그만두었지만 동료들의 생각이 자신과 다를 때 눈을 돌리고 한숨만 내쉬기 시작했다. 화가 난 상사는 나에게 그녀를 코칭해달라고 부탁했다.

나는 그녀가 코칭 받을 의지가 있다는 것을 확인한 후, 함께 동료들의 아이디어에 대해 왜 짜증이 나는지 그 이유를 탐구했다. 그러던 도중 그녀는 풍자적인 억양으로 "그들의 아이디어는 라틴 아메리카 사람들의 전형적인 생각이에요"라고 말했다. 나는 그녀의 신념에서 들려오는 판단을 반영하고, 왜 그들의 시각이 잘못됐다고 생각하는지 질문했다. 이것은 문화에 기반한 다른 리더십 시각에 대한 토론으로 이어졌다. 나는 그녀가 독일 출신이고, 중앙아메리카에서 2년간 생활한 경험이 있다는 것까지 알게 되었다. 그리고 마침내, 그녀는 "리더는 효율성을 우선시해야 해요"라고 말했다. 나는 그녀에게 동료들이라면 리더의 우선순위를 무엇으로 생각할 것인지 질문했다. 그녀는 그들이 함께 일하는 것을 즐기는 직원 참여를 선택할 것이라고 인정했다.

함께 그녀가 동료들과 대조적인 신념과 가치관을 갖고 있다는 것을 확인하자, 그녀도 자신의 의견을 강요하기 위해 동료들을 괴롭힐 수 없다는 것을 알고 있다고 말했다. 아마도 그녀와 동료들 간에 타협의 가능성이 없는 것은 아니었다. 그녀가 동료들과 대화를 나눈다면, 그들의 우선순위를 통합할 방법을 찾을 수 있을 것이었다.

가능성이 없는 것은 아니었으니, 이후 우리는 동료들이 그녀에 대해 가지고 있는 부정적인 시선을 완화하고 동료들이 그녀와 함께 브레인스토밍을 할 수 있도록 만들기 위해 그녀가 어떻게 다르게 할 수 있을지 탐구했다. 그녀는 신뢰를 다시 얻을 필요가 있다는 것을 깨달았고 관계를 회복하기 위해 동료들과 일대일 만남을 갖기로 결정했다. 동료들이 식사를 나누는 것을 좋아한다는 것을 알았기 때문에 점심을 먹으면서 만났을 것이다. 진정으로 그녀가 더 나은 팀원이 되기 위해 무엇을 할 수 있을지 동료들에게 물어봤을 것이다.

피드백은 그녀로 하여금 '다르게 행동하는 척'하게 만들었다. 하지만 코칭은 그녀의 시각을 바꿔 스스로 목표를 달성하는 방법을 발견할 수 있도록 했다. 가치관이 리더십을 어떻게 정의하는지, 무엇이 필수적이고 무엇이 적응적인 실천인지를 재구성하는 방식은 그녀의 행동을 영원히 변화시켰다.

코칭을 할 때와, 하지 말아야 할 때

많은 코치들은 고객들에게 자신이 멘토링과 코칭 대화를 융합한 "하이브리드 코칭 Hybrid Coaching"을 한다고 말한다. 그리고 사람들이 자신들의 의견과 경험을 원한다고 말한다. 그들은 우선 고객의 견해를 탐색한 다음에 무엇을 해야 하는지 말하는 방식을 취한다.

하이브리드 코칭 같은 것은 없다.

코치는 코칭을 하고 있거나 아니면 다른 무언가를 한다. 그 다른 일이 누군가에게 정확히 필요한 것일 수는 있지만, 모든 상황에서 꼭 그것만이 옳은 것은 아니다.

일부 잘 알려진 코치들은 질문만을 하는 것은 사람들의 시간을 낭비하는 일이라고 주장한다. 그들은 완강히 자신들이 조언을 제공하는 이유에 대해 단호하게 방어한다.

질문만 하는 것이 시간 낭비라는 것에는 나도 동의한다. 코칭에는 '요약' '감정 변화 알아차리기' '용감한 행동에 대한 인정' 등과 같은 '반영적 실천 Reflective practices'이 있다. 반영은 독립적인 질문만큼 강력하거나, 그보다 더 강력할 수 있다.

하이브리드 코칭의 개념은 코칭의 가치를 희석시킨다. 멘토링, 조언, 그리고 스스로에게 가장 좋은 것으로 이끄는 것을 전부 코칭에 합치게 되면 고객은 쉬운 방법을 기대하게 된다. 코치가 무엇을 해야 하는지 말해줄 것이라고 기대한다. 이것이 도움이 될 수도 있지만, 고객이 진정 원하거나 필요로 하는 것이 코칭이라면, 중대한 발견과 성장을 가능하게 하는 이 강력한 기술을 고객이 경험하지 못하게 되는 것이다.

사람들이 코칭을 원하거나 필요로 하는 경우는 거의 없다. 그러니 코치는 고객과 함께 코치로부터 무엇을 원하는지 결정해야 한다. 그런 다음 코칭을 진행하거나 혹은 다른 접근법을 선택해야 한다.

먼저 코칭에 대한 열망을 확고히 하라

한 번은 그냥 이야기만 하고 싶은 상황에서 동료가 나를 코칭하려고 했을 때 나는 "코칭하지마. 지금은 그냥 친구가 필요해"라고 말하며 대화가 코칭으로 이어지는 것을 막았다. 이 사건으로 나는 내가 친구들에게 코칭을 시도하면서 끼어들었던 시간들을 스스로 돌아볼 수 있었다.

공식적인 코칭 세션이 아닌 경우, 탐색을 시작하기 전에 사람들에게 코칭이 필요한지 먼저 물어봐야 한다. "지금 당장 나에게 원하는 것이 무엇인가요?" 같은 질문으로 물어볼 수 있다. 특별히 어떤 일로 분노하고 있거나, 상실의 슬픔을 겪고 있다면, 단지 들어주기만을 원하는 경우도 있다.

코칭이 필요하다고 하더라도, 기꺼이 코치와 협력하기를 원하는
지 확인해야 한다. 단지 자신의 견해에 대해 확신을 찾는 것이 아니라,
자신의 생각과 동기에 대해 의문을 제기할 의지를 보여줄 수 있는지
도 확인해야 한다. 예를 들어, 자신의 계획에 대해 들어주기만을 바라
고, 계획의 목적, 실용성 또는 대응책 등에 대해 코칭을 받고 싶지는 않
을 수도 있다.

'언어 처리자Verbal processor'라고 불리는 사람들은 타인과 함께 대
화할 때 생각을 제일 잘 정리할 수 있는 사람들이다. 이러한 사람이
상황을 생각해보거나 선택지들을 정리하고 싶다고 말한다면, "어떤
종류의 사운딩 보드Sounding Board가 가장 유용할까요?"라고 물을 수 있
다. 간단한 요약이나 환언을 반길 수도 있다. 고객의 흐름을 방해하기
전에 먼저 물어봐라.

당신이 아무리 뛰어난 코치라도, 효과적으로 코칭하기 위해서는 상대가 코
칭에 참여하길 원하는 의지를 보여줘야 한다.

하지만 상대가 방어적인 태도를 보인다고 해서 무조건 그들을 코
칭해서는 안된다고 여길 필요는 없다. 거부감을 느끼거나 불확실성을
일으키는 것이 무엇인지 질문해보자. 경계심을 느끼지만 기꺼이 다른
대안을 찾아보기를 원할 수도 있다.

그다음에 코칭이 올바른 선택인지 확인하라

때때로 새로운 관점을 형성하기 위한 경험과 지식이 부족한 사람들이 있다. 맨땅에 코칭을 할 수는 없는 노릇이다.

현실에도 이런 사례는 흔히 찾을 수 있다. 만약 누군가 무엇을 해야 할지 모르겠다고 한다면, 진짜 모르는 건지 아니면 떠오르는 해결책에 대해 의심하는 건지 확인해야 한다. 나는 종종 무엇을 해야 할지 모른다고 말하는 사람들이 사실은 그것을 알고 있다는 것을 발견한다. 해결책을 가지고 있지만 그것을 사용하는 것을 두려워하는 것이다.

이런 경우에는 "인생 경험을 많이 가지고 계시네요. 분명히 아이디어가 있을 거예요." "아무것도 잃을 게 없다면 무엇을 시도해 보겠습니까?" "이와 같은 상황이나 시나리오에서 다른 사람을 관찰한 적이 있나요? 관찰한 것을 시도해 보거나 그 반대를 시도해 볼까요?"처럼 말할 수 있다. 그래도 아이디어가 없다면 멘토링 모자를 쓰고(코치가 아닌 멘토로서의 역할을 수행하는 것으로서 이때에는 반드시 코치가 코치의 역할이 아닌 멘토의 역할을 하고 있다는 것을 고객이 알아야 함—역자설명) 대안을 제시하자.

코칭은 어떤 지식이나 기술을 갖고 있는 고객이 무엇을 먼저 하는 것이 최선인지 모를 때, 또는 확신이 잘 서지 않을 때 그 힘을 가장 잘 발휘할 수 있다. 만약 결정을 내려야 하지만, 머릿속에 몰아치는 "해야만 한다"라는 생각이 몰아쳐 혼란스러울 때 또는 잘못된 행동을 할까

봐 두려워할 때, 코칭은 큰 도움이 되어줄 것이다.

언제든지 코칭으로 시작할 수 있다. 만약 고객에게 무엇을 해야 할지 알기 위해 필요한 경험과 지식이 없다는 것을 발견한다면, 제안을 하기 위해 코치가 아닌 다른 역할을 해도 되는지 물어볼 수 있다.

기억하자. 코치의 역할을 구별하는 핵심 단어는 '파트너링'이며, 코치는 '생각 파트너'이다. 코치는 고객이 무지하다거나 고쳐야 할 필요가 있다고 보지 않는다. 코칭 대화는 고객으로 하여금 장애물 너머를 볼 수 있게 해준다. 그러면 고객은 스스로 문제를 해결할 수 있게 된다.

코칭 스킬을 가르칠 때, 나는 학생들에게 코치가 되기 위해서 잘 알고 있는 사람이 되는 것을 기꺼이 포기할 수 있는지 질문한다. 코치가 되기 위해서는 전문가, 해결사 또는 조력자의 역할에서 벗어나야 한다.

언제 코칭을 해서는 안 되는지 배워라

코칭을 하기 위해선 다음 조건을 지킬 수 있어야 한다.

▶ **대화가 어떻게 진행되어야 한다는 욕심을 버려라.** 고객들이 문제를 해결할 때 대화의 방식이나 결과에 대해 집착해서는 안 된다.

욕심을 버리지 못한다면, 코치가 원하는 방향으로 대화가 진행될 것이다.

▶ **무엇을 할 것인지를 찾는 고객의 능력을 믿어라.** 고객의 생각을 방해하는 판단을 하지 않게 조심해야 한다. 앞으로 하고자 하는 일을 찾는 고객의 능력을 의심한다면, 코칭이 아닌 멘토링을 하는 것이 낫다. 아무리 평정심을 지키도록 훈련을 받았더라도 코치의 조바심은 대화에 영향을 미치게 된다.

▶ **희망, 호기심, 배려심을 느껴라.** 고객에게 화가 나거나 실망한다면, 그들은 코치의 말보다 감정에 더 반응할 것이다. 만약 대화가 잘 흘러가지 않을까 걱정된다면, 코치 자신의 두려움을 해소하여 용기와 낙관주의가 어떤 느낌인지를 보여주어라.

모든 대화가 코칭 세션으로 이어지는 것은 아니다. 사람들이 필요로 하는 것을 파악한 후에 코칭이 적합한 방식인지를 파악해야 한다.

이상적인 코칭 시나리오

코칭은 개인적인 상황과 업무 상황을 포함한 다음과 같은 시나리오에서 시도해보면 좋을 것이다.

- ▶ 의사소통 개선을 위한 방법 탐색하기
- ▶ 자신과 타인의 갈등과 감정적 반응에 대한 두려움 직면하기
- ▶ 어려운 사람과 상황을 다루는 해결책 찾기
- ▶ 직장과 가정에서의 관계 강화하기
- ▶ 개인적이고 직업적인 욕망과 비전 명확히 하기
- ▶ 에너지를 극대화하기 위한 스트레스와 웰빙 관리하기
- ▶ 어려운 결정 들여다보기
- ▶ 더 큰 성취와 성공 경험하기
- ▶ 일과 삶의 변화 다루기
- ▶ 조직과 세상의 변화 주도하기
- ▶ 팀의 훌륭한 성과를 위해 영감주기
- ▶ 리더십 팀(역자설명 — 임원들로 구성된 팀) 조율하기
- ▶ 조직문화 변화시키기
- ▶ 조직 전반에 걸쳐 직원 참여도 증가시키기
- ▶ 새로운 역할에 대한 준비와 성공을 위한 개발 경로 명확히 하기

일터에서는 코칭을 사용해 사람들과의 결속을 더 단단히 하고 더 몰두할 수 있게 할 수 있다. 하버드 비즈니스 리뷰Harvard Business Review 에 게재된 설문조사에 따르면 젊은 고성과자들은 종종 그들이 받는

멘토링과 코칭이 부족하다는 불만을 가지고 있는 것으로 나타났다.[9] 사람들을 더 참여하게 하고 몰입하도록 하는 좋은 방법은 그들이 미래를 위해 무엇을 원하는지 궁금해하거나 도전을 극복하기 위해 필요한 것이 무엇인지 질문하고, 그들의 대답을 경청하는 것이다. 그들은 기술뿐만 아니라 마음을 넓히는 대화를 원한다.

코칭이 성공적으로 이루어지기 위해서는, 고객들이 일반적인 코칭 세션(역자설명—코치와 고객이 만나 진행되는 코칭 한 회기를 코칭 세션이라고 함. 보통 다회기 코칭은 6~12세션으로 구성됨)에서 무엇이 일어날지 알아야 한다. 코칭 프로세스에 대한 대화는 일반적으로 코칭 관계를 시작할 때 이루어진다. 고객들에게 다음 조건을 지켜야 가장 좋은 결과를 경험할 수 있다는 것을 알려줘야 한다.

▶ 반영 진술과 질문에 대해 불편하더라도 대답한다. 이것이 중대한 발견을 하는 가장 좋은 기회이다.

▶ 호기심 많은 구경꾼이 아니라 적극적인 참여자가 된다.

▶ 자신, 타인 및 상황에 대해 명확하지 않거나 완전히 알지 못한다 할지라도 열린 마음으로 솔직하게 기꺼이 탐구한다.

---

9 —— Monika Hamori, Jie Cao, and Burak Koyuncu, "Why Top Young Managers Are in a Nonstop Job Hunt," Harvard Business Review, July-August 2012, http://hbr.org/2012/07/why-top-young-managers-are-in-a-nonstop-job-hunt/.

　　　　　　　　　　　　　　　　　　　1부. 코칭 대화란 무엇인가

▶ 세션과 세션 사이 실행에 대한 약속을 이행하고, 예기치 않은 긴급 상황이 발생하지 않는 한 예정된 세션에 참석한다.

▶ 세션 후와 다음 세션 직전에 코칭 대화에 대해 생각해 본다.

코칭은 우리가 살아가는 이 세상에서 점점 자리를 잡아가고 있다. 행동 변화를 촉진하는 데 유용한 방법으로서, 코칭은 도전적이거나 불확실한 상황에서 스스로 더 넓게 생각할 수 있게 도와준다. 더 많은 것을 이루고 싶어 하는 사람들에게 명료함과 방향을 제공한다.

2장

코칭에 대한 잘못된 믿음

만약 당신이 공식이나 모델을 따른다면,

진정한 코칭을 하고 있는 것이 아니다.

…

(마샤 레이놀즈)

국제코칭연맹의 코칭 역량을 따르지 않고도, 놀라운 결과를 보여주는 코치나 코칭 교육기관 및 자격 인증 기관도 있다. 어떤 프레임워크를 사용하더라도, 그것이 대체로 성찰적 탐구 활동의 방식이라면, 내가 그들의 접근 방식을 반대할 이유는 없다. 코칭의 본질은 각자의 철학, 실행 방식과 관계없이 이 책에서 가르치는 실천 방법과 일치하기 때문이다.

코칭을 하는 데 있어 단 하나의 정답이 있는 것은 아니다. 만약 코칭의 방식이 고객 스스로 성찰할 수 있도록 하고 통찰력을 갖게 한다면 같은 맥락에 있는 것이다. 모든 것에 대해 답을 알지 못하더라도, 그것에 대해 편안하다면, 비록 코칭 역량에 대해서는 의견이 다를 수 있지만 코칭의 힘에 대해서는 동의한다고 할 수 있다.

반대로, 코칭에 대한 특정한 믿음과 판단은 코칭과 코칭의 전문성을 깎아내린다. 몇몇 가정들은 리더들이 대화할 때 코칭 접근법을 사용하지 못하도록 방해한다. 일부 코치들은 질문하는 방식에 대한 엄격한 규칙을 따르거나 코칭을 잘 하기 위해 특정 순서에 따라서 대화 모델을 사용해야 한다고 생각하기 때문에 성장하지 못하고 발전이 멈추기도 한다.

코칭에 대한 근거 없는 믿음과 판단, 가정은 코칭이 인기를 얻음에 따라 매년 더 늘어나고 있다.

적어도 코칭에 대한 다섯 가지 잘못된 믿음은 코칭의 가치를 떨어뜨렸다.

지금부터 이 다섯 가지 잘못된 믿음에 대해 설명할 것이다. 어떤 경우에는 이것들이 사실일 수 있지만, 엄격한 규칙으로 적용될 경우에 어떻게 코칭의 효과를 제한하는지도 다룰 것이다. 또한 각각의 믿음에 대한 대안을 제시하고, 코칭 관계의 프레임워크 안에서 그것이 어떻게 작동하는지 보여줄 것이다.

첫 번째 잘못된 믿음:

코칭을 정말 잘 하기 위해서는
오랜 시간이 필요하다

이러한 믿음은 어디에서 오는가

초보 코치들은 경험 많은 코치들의 코칭 시연을 보는 것을 좋아한다. 경험이 많은 코치가 세션 이후에 코칭이 어떻게 이루어졌는지, 무엇을 발견했는지, 어떤 모순이나 감정적 변화, 반복적인 말 등을 눈치챘는지, 어떤 믿음이 대면해야 할 중요한 문제로 부각되었는지 등을 분석해 주더라도 관찰자들은 그 세션을 마술 같은 일이라고 평가한다.

수천 시간의 코칭 경험이 있는 코치의 세션을 관찰하는 것은 마스터 경지에 이른 코치들에 대한 경외심과 함께, 초보 코치들에게 나도 이러한 기량을 갖출 수 있을까 하는 의구심을 느끼게 한다. 관찰자들의 수준을 고려하지 않고 코칭 시연을 보여줄 때 특히 더 그렇다. 코칭 시연은 학습 경험을 제공하기보다는 코치의 기술을 더욱 부각시키기 때문이다. 코칭 시연을 관찰한 사람들은 자신이 '충분히 좋아질' 때까지 적극적인 코칭을 할 수 없다고 생각하게 되어 두려움에 빠진다.

자격증을 얻고자 하는 코치들은 코칭 시연을 보는 것과 더불어 멘토링을 받아야만 한다. 그룹이든 1:1 멘토링이든 상관없이 멘토링에는 피드백이 포함되어 있는데, 앞서 설명한 것처럼 피드백은 스트레스를 유발하고 자신감을 감소시킬 수 있다. 보통 멘토링은 도움이 되도록 설계되어 있지만, 어떤 경우에는 코칭을 배우는 데 오랜 시간이 걸린다는 믿음을 더욱 강화시킬 수 있다.

이 믿음의 진실은 무엇인가

생각하는 습관을 바꾸는 데는 시간이 걸린다. 경험의 많고 적음에 상관없이 코치라면 고객에게 도움이 되고 유용하다고 느끼기를 원하기 때문에, 맥락과 장애물을 탐구하기 전에 해결책부터 찾으려고 한다. 대안으로 바로 뛰어가려는 경향을 바꾸는 것은 의식적인 연습과 인내력이 필요한 일이다. 답을 알지 못하는 것에 불편함을 느끼는 것을 감수할 수 있어야만, 편하게 호기심을 가질 수 있다. 바로 이것이 자격증을 따기 위해서 수백 시간의 코칭 경험이 필요한 이유다.

코칭 능력을 순식간에 습득할 수 있는 마법의 비약 같은 것은 없다. 연습이 필요하다. 마스터의 수준이 되기 위해서는 지속적으로 코칭하고, 멘토 코치의 도움을 받아 성장하는 것 외에는 다른 방법이 없다. 코칭을 시작한 이래로 나는 매년 더 나은 코치가 되어 가고 있다. 몇 년 전에 좋은 코치였을지 모르지만 지속적으로 코칭하고, 가르치고, 멘토링을 하면서 나의 코칭은 점점 더 좋아지고 있다. 마스터가 되는 것은 끝이 없는 여정이다.

이 믿음은 왜 잘못된 것인가

우리의 뇌가 코칭 훈련을 마치고, 자신의 코칭에 자신감을 가질 때까지 코칭을 하지 말아야 한다고 속삭이는 말은 들을 필요가 없다.

나는 비즈니스를 시작한 지 몇 년 후부터 코칭을 가르치기 시작했지만, 가르치는 내용과 실제로 내가 하는 코칭의 차이를 보는 것은 고통스러웠다. 하지만 처음 몇 년간 완벽하지 않은 코칭을 했음에도, 내 고객들은 내게 빛나는 찬사를 보내주었다. 고객들은 대화를 나누는 동안 충분히 안전하다고 느꼈고, 선택과 계획에 더욱 강력한 확신을 느꼈으며 내가 코칭 스킬을 제한적으로 사용했음에도 불구하고 자신들의 맥락과 장애물을 더욱 분명하게 인식할 수 있었다.

완벽한 코칭을 할 수 있을 때까지 기다릴 필요는 없다. 초보 코치일지라도, 판단하지 않고 코치와의 대화가 안전하다고 느끼는 대화를 이끌어갈 수만 있다면 훌륭한 코칭을 제공할 수 있다.

동료 코치나 가족 외의 다른 사람들에게 코칭을 할 만큼의 충분한 자신감이 생길 때까지 기다리지 않아도 괜찮다. 모든 성인은 생각 파트너로부터 혜택을 얻을 수 있다.

코치를 위한 대안

완벽한 코치는 없다. 일단 시작하고, 연습하고, 좋은 멘토링과 지속적인 학습을 통해 코칭을 잘 하게 되는 힘을 발견해 나갈 뿐이다. 코칭을 해야 코칭 능력을 발전시킬 수 있다.

나는 코칭을 잘 하고 싶은 모든 사람들이라면 당연히 인증기관이나 학계에서 인정받은 프로그램에서 충분한 코치 훈련을 받아야만 한다고 믿는다. 당신이 코치가 되어야 한다고 말해 주는 가족과 친구들이 있더라도, 코칭의 기술은 타고나는 것이 아니다. 물론 공감 능력을 가지고 잘 들어주는 사람일지도 모른다. 이는 코치로 성장할 수 있는 좋은 토대이다. 이 책에서 소개하는 다섯 가지 핵심적인 실천 방법은 도움이 되겠지만, 가능한 자격을 갖춘 코치 트레이너로부터 배우는 것이 가장 좋다.

코칭의 기초를 배웠다면, 즉시 코칭을 해라. 코칭에서 함부로 조언하는 것만 자제하면 상대방에게 해를 끼치는 일은 없을 것이다. 내 멘토가 항상 말하던 표현을 빌리자면, "지금껏 코칭 때문에 죽은 사람은 없다."

코칭을 강력하게 만드는 것은 코치와 고객 간의 관계다. 그래서 이 책은 다섯 가지 핵심적인 실천 방법뿐만 아니라, 그것을 효과적으로 만들기 위한 세 가지 멘탈 습관도 제공한다.

만약 고객이 코치와 코칭하는 것을 안전하다고 느낀다면, 코치의 기술이 아직 부족하더라도 학습이 일어날 수 있다. 스스로 딜레마를 깨칠 고객의 능력을 믿고, 판단과 불안감을 인지하고 그것을 놓아주는 법을 배우고, 인내심과 호기심을 가지고 고객을 진심으로 배려한다면, 고객은 코칭에서 가치를 발견할 수 있을 것이다.

두 번째 잘못된 믿음:

중대한 발견이나
새로운 인식을 만들기 위해서는
질문이 필요하다

이러한 믿음은 어디에서 오는가

많은 코칭교육 기관에서 '반영적 진술'을 사용하도록 가르치고 있지만, '질문하기'에 대한 인기는 여전하다. '코칭은 오직 열린 질문의 연속'이라고 가르치는 곳도 있다. 인기 있는 책들은 리더와 코치들이 사용할 수 있는 최고의 질문들을 강조하고 홍보한다. 코치가 코칭을 시연할 때도, 관찰자들은 대체로 좋은 질문에 가장 관심을 가진다. 고객의 성찰을 자극한 반영적 진술이 아니라, 오직 강력한 질문에게만 영광이 돌아갈 뿐이다.

이 믿음의 진실은 무엇인가

좋은 질문은 고객의 균형을 뒤흔들어 생각과 신념의 타당성이나 모순을 시험해 볼 수 있게 한다. 좋은 질문을 통해 문제에 대해 생각하는 것이 아니라, 그 이슈를 문제로 만드는 그 생각에 대해 검토하게 되는 것이다. 그뿐만 아니라, 급하게 여러 선택지 사이에서 고민하는 대신, 멈춰서 어떤 행동을 취해야 하는지에 대한 관점을 바꿀 수 있는 신념과 인식에 대해 깊이 성찰할 수 있게 된다.

우리가 하는 모든 행동에는 이유가 있다. 누군가가 자신의 생각에 질문해 주지 않는 한, 그 이유의 오류를 인식하지 못한다. 질문은 혼자서는 할 수 없는 방식으로 맥락과 가능성에 대한 스스로의 믿음과 인식을 평가할 수 있도록 도와준다.

이 믿음은 왜 잘못된 것인가

"코칭이 곧 질문이다"라고 말하는 사람들의 말을 믿지 마라.

코칭은 질문의 연속이 아니라, 탐구의 과정이다. 탐구의 목적은 비판적 사고로 논리의 간극을 인식하고 믿음의 가치를 평가하며, 관점과 무의식적 행동에 영향을 미치는 두려움, 의심, 욕구를 명료하게 하는 것이다.

어떤 사람들은 질문을 계속해야만 코치들이 자신의 의견과 편견으로 대화가 치우치지 않도록 할 수 있다고 생각한다. 하지만 질문조차도 의견과 편견에 영향을 받기에, 코치가 생각하는 방식으로 고객을 이끌 수 있다. 또한 독립적으로 좋은 질문을 생각하는 시간은 코칭 프레즌스Coaching presence에 방해가 된다. 질문만 연속적으로 하면 코칭이 심문처럼 느껴져 신뢰와 친밀감을 훼손할 수 있다. 반영적 진술이 없다면, 질문은 자연스러운 과정이라기보다는 기계적으로 말하는 공식처럼 느껴질 수 있다.

코치를 위한 대안

조언하는 것의 반대가 질문하는 것은 아니다. 다음 장에도 나오지만, 대화를 요약하고, 관찰한 감정의 변화를 공유하는 반영적 진술은 마법 같은 질문보다 훨씬 강력할 수 있다. 다른 누군가로부터 내가 한 말을 듣는 것은 충격적일 수 있다. 특히 오랫동안 계속 써와서 습관이 된 말을 알아차렸을 경우에 더욱 그렇다. 다른 아이디어에 집착하는 감정을 공유하거나 말에 모순이 있음을 분명히 하는 것은, 도전적인 질문을 하는 것보다 아주 오래된 신념에 대한 방어를 훨씬 더 효과적으로 무너뜨릴 수 있다.

질문과 반영적 진술을 결합하면 코칭을 더 자연스럽고 수월하게 할 수 있다. 코치가 단어와 표현을 반영한 후에 질문을 던지면, 그 질문은 암기가 아닌 호기심에서 비롯된 것일 가능성이 더 높다.

좋은 질문을 기억해 내기 위해 머리를 굴리는 것은, 코치의 머릿속에 있는 것이지 고객과 함께 그 순간에 존재하고 있는 것이 아니다. 그렇게 되면 고객이 진짜 원하는 것을 말하거나 무력하게 하는 신념과 두려움 등을 드러내는 순간을 놓치기 쉽다. 코칭에서는 완벽한 질문을 던지는 것보다 그 순간에 고객과 함께 있는 것이 더 중요하다.

세 번째 잘못된 믿음:
코치는 항상 열린 질문만 해야 한다

이러한 믿음은 어디에서 오는가

닫힌 질문은 한 단어인 "예" 또는 "아니오"로 대답해야만 하는 경향이 있다. 코칭, 상담, 법률, 저널리즘, 정보를 제공하는 다른 전문 영역의 교재에서는 충분한 답을 얻기 위해 열린 질문을 사용하라고 특별히 강조하고 있다. 몇몇 코칭 교육기관에서는 닫힌 질문의 사용을 금지하기도 한다. 국제코칭연맹의 자격증 취득 심사에서 코칭 세션을 녹음한 것을 듣고 평가할 때, 심사위원들은 열린 질문과 닫힌 질문의 개수를 세어보며 열린 질문을 더 많이 사용했는지 확인할 것이다. 많은 코치들은 닫힌 질문이 좋은 코칭의 반대라고 잘라 말하며, 숙련된 코치라도 닫힌 질문을 사용하면 부정적으로 생각한다.

이 믿음의 진실은 무엇인가

한 단어로 대답하게 하는 질문은 말문을 여는 대신 닫아 버린다. 이런 경우 코치들은 불편함을 느끼고 대화에 갇힌 것처럼 느끼게 된다. 코치는 다음에 무엇을 말할지 필사적으로 생각하면서도 대답을 확인하기 위해 닫힌 질문을 반복할 수도 있다.

코칭 초기에 고객에게 닫힌 질문을 사용하는 것은 관계에 치명적일 수 있다. 만약 고객과 코치 사이에 아직 신뢰가 형성되지 않았을 때 닫힌 질문을 하면, 고객은 계속 방어적인 태도를 유지하게 될 것이다. 고객은 자신의 생각을 들여다보려 하지 않는 것은 물론, 자신의 신념을 탐구하려는 시도도 방어할 것이다. 코치에게 짜증만 느낄 수도 있다.

닫힌 질문은 '질문'으로 가장해 답변을 유도할 수 있다. 고객이 무엇을 해야 할지 코치가 알고 있다고 생각할 때, 그 방향으로 이끌기 위해 닫힌 질문을 사용할 수 있다. 예를 들어 "이것을 시도해 보았나요?" 혹은 "만약 당신이 이렇게 한다면 어떨까요?"와 같은 질문은 코치가 좋은 아이디어를 제공할 수 있지만, 이는 동시에 고객이 스스로 생각하는 것을 방해할 수 있다. 그저 코치를 기쁘게 하기 위해 고객이 코치의 제안을 받아들일 수도 있기 때문이다.

반면 "무엇" "어디" "언제" "어떻게" "누구"로 시작하는 열린 질문을 하면 한 단어로 된 대답보다 훨씬 더 많은 정보를 얻을 수 있다. 탐색적인 열린 질문은, 무의식적으로 하는 행동이나 지속적으로 하지 않는 행동 등이 무엇인지 더 깊게 들여다보도록 자극한다. 망설이는 고객조차도 열린 질문을 받으면 자신의 시각의 한계를 인식할 수 있을지도 모른다.

이 믿음은 왜 잘못된 것인가

닫힌 질문이 언제나 닫힌 대답을 이끌어 낼 것이라는 말을 믿지 마라. 경험이 부족한 코치들이나 그런 말을 할 것이다.

번 아웃으로 직장을 그만둔 한 고객이 있었다. 그녀는 6개월 동안 집을 꾸미고 자녀와 시간을 보내고 친구들과 여행을 다니며 즐거운 시간을 보냈다. 그러다 불안감을 느끼기 시작했다. 그녀는 코치에게 이제 자신이 무엇을 해야 하는지 결정하는 것을 도와 달라고 요청했다. 코치는 그녀에게 지난 직장에서 가장 그리웠던 것과 다시 하지 않기를 바라는 부분에 대해 질문했다.

고객의 이야기를 다 듣고 난 후, 코치는 요약해서 말했다.

"당신은 능력 있는 사람들과 함께 새로운 것을 만드는 것은 좋아하지만, 능력이 부족하다고 생각하는 직원과 성장에 대해 대화하는 것에는 별 관심이 없네요. 맞나요?"

그녀는 "정확해요"라고 대답했고, 자신이 이전 직장에서 가장 좋아했던 것에 대해 더 자세히 이야기했다. 코치는 이어서 "이 성찰이 당신이 지금 하고자 하는 것에 대한 아이디어를 주었나요?"라고 물었고, 고객은 그렇다고 대답했다. 그리고 그녀가 정말 이상적으로 생각하는 일과 직업에 대해서 더 자세히 묘사했다.

코치는 그다음으로 물었다. "분명히 당신은 팀과 함께 흥미로운 새로운 프로젝트를 해내는 일을 그리워하고 있는 것처럼 보여요. 프리랜서로서도 할 수 있는 일이지만, 당신이 이상적인 상황을 묘사할 때에는 항상 조직 안에 자신을 놓는 것 같아요. 당신은 이미 새로운 직장을 찾기로 마음을 먹은 것인가요?"

고객은 한숨을 내쉬고 동의하면서 자신의 두려움을 설명했다. 세

개의 닫힌 질문으로 더 깊은 탐구가 이루어졌다.

코치가 고객과 강력한 신뢰관계를 맺고 있다면 닫힌 질문은 열린 질문과 마찬가지로 효과적일 수 있다. 질문의 목적은 생각의 패턴이나 흐름을 깨거나 즉각적으로 더 깊이 탐험하게 하는 것이다. 질문의 초점은 고객의 마음을 열 것인지 닫을 것인지에 있어야 한다. 대화를 나아가게 하는 한, 질문의 구조는 크게 중요하지 않다.

코치를 위한 대안

닫힌 질문은 적어도 세 가지 경우에는 매우 효과적이다.

1. 코칭에서 고객이 해결하고자 하는 것을 명확히 하는 데 도움을 주고자 할 때
2. 반영적 진술이 정확한지 확인하고자 할 때
3. 고객이 놀라운 깨달음을 얻은 것이 확실하지만 말하지 않을 때, 그들을 촉진하고자 할 때

마지막의 경우에는 "뭔가 변화가 있었나요?"와 같은 질문을 한다면, 고객이 자신의 발견을 명료하게 표현하도록 도와줄 수 있다.

다섯 가지 주요 훈련 중 하나인 '골텐딩Goaltending'은 원하는 결과를 명확히 하는 것이다. 코치는 고객의 이야기를 들으며, 고객이 이번 세션에서 얻고자 하는 중요한 것이 무엇인지 알 필요가 있다. 코치는

이번 대화의 방향을 명확히 확인하기 위해서 닫힌 질문을 사용할 수도 있다. 그러고 나면 고객이 이야기하는 동안 얻고 싶은 두 가지 혹은 그 이상의 것을 알 수 있을지도 모른다.

코치는 고객이 표현한 여러 선택지들을 요약해, 우선적으로 얻고자 하는 결과에 대해 고객이 한 가지를 선택하도록 한다. 고객이 무엇을 할지 고민하는 도중에도, 자신감을 갖거나 습관을 바꾸는 것, 불편한 현실을 받아들여야 하는 등의 더 중요하게 원하는 새로운 결과들이 등장할 수도 있다. 그럴 때 코치는 고객이 드러낸 바를 기반으로 원하는 결과를 변경하고 싶은지 물어본다. 이런 닫힌 질문들은 무엇인가를 명확히 하고 확인하도록 도와준다.

닫힌 질문은 반영적 진술의 타당성을 검증하는 데 사용할 수도 있다. 예를 들어, 고객의 이야기에 대한 요약, 거기서 나타난 감정의 변화 또는 고객의 근본적인 신념이나 가정을 확인할 때, 이에 대해서 고객이 동의하는지 질문할 수 있다. 이런 경우, 고객은 닫힌 질문에 대답하더라도 한 단어가 아니라 더 많은 정보를 제공하려고 한다.

고객들은 자신들이 중요하게 생각하는 무엇인가를 성취하는 것을 도와주기 위해 코치가 온 것이라고 믿을 때에는, 코치가 하는 예리한 닫힌 질문으로 인한 불편함을 받아들일 것이다. 만약 그동안 자신의 행동이 자신이 원하는 것을 망가뜨리고 있다는 것을 고객이 깨닫게 된다면, 코치는 "당신은 현재 상황에 만족하게 될까요?" 혹은 "당신은 정말로 원하는 것을 얻기 위해 무엇을 바꿀 수 있는지 살펴볼 의

1부. 코칭 대화란 무엇인가

향이 있나요?" 혹은 "실행하지 않아서 1년 후에도 후회하고 있을 건가요?"와 같이 질문할 수 있다. 이때의 닫힌 질문은 머뭇거림에서 벗어나게 해 주고, 이후에 고객이 다음으로 무엇을 살펴보거나 실행할지에 대한 열린 질문을 덧붙일 수도 있다.

닫힌 질문이 효과적이려면, 고객은 코치가 자신의 총명함과 가능성을 믿고 있다는 것을 알고 있어야 한다. 코치가 무엇인가 잘못했다고 느끼게 하거나 부족한 사람으로 여기려고 하는 것이 아니라는 것을 고객들이 알아야 한다. "이것이 맞나요?" "이 패턴을 바꾸길 원하나요?" "당신의 기대가 현실적이라는 것을 알고 있나요?"와 같은 닫힌 질문들을 진정한 호기심을 가지고 묻는다면, 고객의 생각을 명확히 하는 데 도움을 줄 수 있다.

더 이상 닫힌 질문을 비난하지 마라. 닫힌 질문은 명료함을 위한 좋은 도구이다. 그러니 닫힌 질문을 코치들이 어떻게 활용해야 하는지 잘 알 수 있도록 코칭 교육과정에 다시 포함하는 건 어떨까?

네 번째 잘못된 믿음:
반영적 진술은 너무 대립적이다

이러한 믿음은 어디에서 오는가
코치들은 내가 반영적 진술을 사용하는 것을 들을 때 안도감을 느끈다. 특히 미국과 유럽에서 더욱 그런 경향이 있는 것 같다. 그들은 "그래도 되는 거예요? 그러면 코칭이 훨씬 쉬워질 거 같아요!"라고 말한다. 그들은 닫힌 질문처럼 반영적 진술이 고객을 특정한 대답으로 이끌어 갈 가능성이 있기 때문에 사용해서는 안 된다고 생각한다.

내가 반영적 진술을 자주 사용하는 것에 대한 반응은 중동과 아시아에서 더욱 강했다. 이 지역 사람들은 반영적 진술을 직접적인 의사소통과 동일시한다. 그들의 문화에서는 누군가에게 직접적으로 말하는 것은 대립적이고 해롭다고 여겨지는 경향이 있다. 이 지역의 코치들을 멘토링할 때, 너무 직접적으로 말하는 것은 예의 없는 행동이라고, 자신들의 문화를 이해하지 못한다는 말을 나는 듣곤 한다.

이 믿음의 진실은 무엇인가

반영적 진술을 들을 때 느끼는 감정은 반응에 영향을 미친다. 호기심과 배려를 담아 말하지 않으면, 고객은 대립적이라고 느낄 수 있다. 사고의 결함을 보여주기 위한 의도라면 그들은 조종당한 것처럼 느낄 것이고, 그러면 그들은 입을 닫아버리고 더 이상 말하지 않을 것이다. 코치가 참을성이 없거나 불편함을 느낄 때 반영적 진술을 사용하면 고객은 코치의 반영적 진술이 판단적이거나 강압적이라고 느낄 수 있다. 그러면 코치가 자신을 비판하고 있다고 느낄 수 있고 짜증을 내며 심리적으로 멀리할 수도 있다. 또는 순응적이 되어, 코치가 어떻게 생각하고 무엇을 다르게 해야 하는지 알려주기를 기대할 수도 있다.

이 믿음은 왜 잘못된 것인가

반영적 진술이 고객을 특정 방향으로 몰고 갈 수 있다는 믿음을 버려라. 오히려 그 반대이다. 피드백은 종종 마음을 상하게 한다. 고객에게 갑작스럽게 충고하거나 그들의 아이디어에 대해 판단의 시각으로 대답하면, 심리적으로 고객으로부터 멀어질 수 있다. 하지만 이 책에서 말하는 반영적 진술은 피드백을 주거나 고객의 반응을 판단하는 것과는 다르다.

코치를 위한 대안

만약 고객이 표현한 단어와 감정을 적극적으로 반영하면서, 옳다는 생각이나 특정한 반응을 유도하려는 욕구 없이 진행한다면, 코치는 지시적이지 않을 수 있다. 반영적 진술은 코치가 참을성이 부족하거나 불안정한 경우에만 대립적으로 느껴진다.

반영적 진술은 신념을 흔들어 머릿속을 복잡하게 만들 수 있기 때문에 고객이 불편함이나 혼란을 느낄 수 있다. 만약 코치가 고객에게 자신의 감정을 차분히 해결할 수 있는 안전하고 조용한 공간을 만들어 준다면, 그 반응은 사라질 것이다. 그리고 난 후 지금 어떻게 이해했는지 질문한다면 원하는 결과를 얻기 위한 건설적인 인식을 명확히 하는데 도움을 줄 수 있다. 그동안 자신의 신념이 자신의 생각과 행동을 어떻게 제한했는지를 깨닫는 것은 불편한 일이지만, 이 과정을 통해 코칭 세션의 마지막에는 훨씬 더 자신감을 느끼게 된다.

다섯 번째 잘못된 믿음:
코칭은 항상 명확한 결과나
원하는 미래의 비전을 가져야 한다

이러한 믿음은 어디에서 오는가

코칭 세션에서 원하는 결과나 목표를 수립하는 방법을 포함하지 않는 코칭 교육을 나는 본 적이 없다. 케이스 웨스턴 리저브 대학의 웨더헤드 경영대학원의 코칭 연구소The Coaching Research Laboratory at the Weatherhead School of Management, Case Western Reserve University에서는 코칭 프로세스의 긍정적인 비전의 힘을 강조한다.[1] 당신이 마음속으로 구체적인 결과를 상상한다면, 코칭은 풀어야 할 문제에 초점을 맞추는 대신 가능성을 향해 앞으로 나아간다. 명확히 원하는 미래에 초점을 맞추는 대화는 즐겁고 영감을 불어넣으면서도 강점을 기반으로 하도

---

1 —— Richard Boyatzis, Melvin Smith, and Ellen Van Oosten, Helping People Change: Coaching with Compassion for Lifelong Learning and Growth (Boston: Harvard Business Review Press, 2019).

1부. 코칭 대화란 무엇인가

록 하고 자기주도적으로 만들어 준다.

이 믿음의 진실은 무엇인가

코칭에서 가장 중요하면서도 어려운 점은 대화가 항상 만족스러운 해결책을 향해 진행되어야 한다는 점이다. 비록 한 세션 안에서 코칭의 방향이 여러 번 바뀔 수 있지만, 어떤 진전이 느껴지려면 최종 목적지를 명확히 할 필요가 있다.

코칭 세션에서 원하는 결과가 애매하면, 코칭 세션에서의 대화는 빙빙 돌게 된다. 그렇게 되면 고객은 다음 단계에 대해서 선언하겠지만 아마 거의 실행하는 데 어려움을 느낄 것이다. 안전한 환경에서 자신의 문제에 대해 이야기를 나누는 것을 즐겼을지는 모르지만, 정작 해결된 것은 아무것도 없을 것이다.

이 믿음은 왜 잘못된 것인가

코칭 대화를 시작할 때, 고객이 원하는 미래의 모습을 항상 명확하게 가지고 있어야 하는 것은 아니다. 코칭 초반에는 종종 자신이 무엇을 원하고 있는지 잘 알지 못하는 고객들도 있다. 그들이 할 수 있는 최선은 그들을 당혹스럽게 한 결정이나 명확함이 필요한 상황에 대해 설명하는 것이다.

한번은, 어느 코치가 그룹 멘토코칭 세션에서 고객에게 그녀가 원하는 미래의 모습을 명확하고 긍정적인 그림으로 만들어 내도록 밀어붙였다. 그 고객은 그럴 준비가 되어있지 않다고 말했고, 미래를 마음 속에서 그려보기 전에 그녀의 현재 상황에서 해볼 수 있는 다양한 대안들에 대해 이야기하고 싶어 했다. 하지만 그 코치는 계속해서 고객이 원하는 가장 이상적인 모습의 미래를 공유해 줄 것을 강요했고, 고객은 반항적으로 저항했다. 코치는 고객에게 무엇이 명확해지는지 보기 위해 일어서서 미래를 향해 걸어가 보라고 요청했고 급기야 고객은 입술을 깨물며 울기 시작했다. 나는 더 많은 피해가 생기기 전에 세션을 중단할 수밖에 없었다.

이 코치가 이렇게 한 이유는, 코칭 세션을 시작할 때 명확하고 긍정적인 비전을 만들라고 배워 왔기 때문이다. 이로 인해 코치는 공식에 갇힌 코칭밖에 하지 못했고, 더 이상 고객이 필요로 하는 코칭 프레즌스를 발휘하지 못했다. 고객은 원하는 미래를 상상할 수 없었던 것이 아니라, 그 당시에는 아예 불가능했던 것이다.

코치를 위한 대안

코칭 대화의 결과물은 분명해야 하지만, 코칭이 진행됨에 따라 진화하는 경우가 많다. 세션을 시작할 때 고객은 단지 자신을 무력하고 불확실하게 만드는 것이 무엇인지 명확히 하고 싶다고 말할 수 있다. 코칭 세션이 진행됨에 따라, 머릿속을 복잡하게 만드는 두려움과 욕구, 가치의 갈등이 무엇인지 드러날지도 모른다. 그리고 이로부터 원하는 것이 새롭게 밝혀질지도 모른다. 아마도 '더 많은 리스크를 감수할 수 있는 자신감을 가지는 것'과 같은 훨씬 더 개인적인 것이 될 것이다.

코칭은 이럴 때 새로운 방향으로 나아간다. 고객이 자신의 생각과 감정을 더 깊이 분류하면서 정말 원하는 것과 실제로 방해하고 있는 것이 무엇인지, 정말로 얻게 되는 것이 무엇인지 밝혀지기 때문이다. 이러한 전환은 코칭 한 세션 안에서 여러 번 일어날 수 있다.

또한, 한 세션 안에서의 성공이 언제나 손에 잡히는 결과로 나타나는 것은 아니다. 코치는 고객이 기꺼이 가고자 하는 곳에서 고객을 만나야 한다. 새로운 정보를 받아들이는 데에는 며칠 이상 걸릴 수 있기에, 코칭에서 일어난 일에 대해서 언제, 어떻게 생각할 시간을 가질 것인지 고객으로부터 실행에 대한 약속을 받아내야 한다. 이렇게 약속을 한다면, 다음 세션 전에 고객은 어떤 결심을 하거나 눈에 띄는 발전을 보여줄 수도 있다.

때때로 가장 좋은 학습은 코칭 세션과 세션 사이에 일어난다.

다섯 가지 핵심 실천 방법

우리가 자신이 아는 것을 의심할 때

배울 수 있는 기회를 가진다.

그러나 이것은 혼자서는 잘 되지 않는다.

...

(마샤 레이놀즈)

많은 코칭 모델들은 고객들에게 만족스러운 결과를 안겨준다. 고객들에게 단지 잠시 멈춰서 생각을 정리하기 위한 안전한 환경을 마련하는 것만으로도 의미를 줄 수 있다. 코칭 모델은 다음 세 가지 목표를 달성할 때 가치가 있다.

1. 결과를 명확히 합의한다. 코칭 세션에서 기대하는 결과가 변한다 할지라도 명확히 합의해야 한다.
2. 고객이 풀어야 할 것 또는 장애물을 발견한다.
3. 실행 가능한 다음 단계가 무엇인지 분명히 표현한다.

효과적인 모든 코칭 모델들은 세 가지 목표를 통해 코칭 대화에서 집중력 있게 진전을 이뤄낸다. 결과를 명확히 한다는 것은 코칭에서 얻고자 하는 것이 무엇인지 고객과 합의하는 것이다. 장애물은 고객이 원하는 것을 달성하지 못하게 하는 감정, 신념 또는 갈등을 말한다. 실행 가능한 것을 명확히 한다는 것은 다음 세션 이전에 적어도 한 걸음 앞으로 나아갈 것을 명확히 하고, 약속하는 것이다. 그 실행이 단지 "그것에 관해 생각할 시간을 가져야겠다." 정도일지라도 말이다.

코칭의 결과를 분명히 하고, 대안을 정리한 다음 계획을 세우는 것은 기본적인 문제 해결 방법으로 사용할 수 있다. 이를 '표면적 수준의 코칭' 또는 '거래적 코칭 Transactional Coaching'이라고 하는데, 이는 언어처리자―소리 내어 말하면서 생각하는 고객―에게 유익하다. 이들은 코치와 이야기할 때 안전한 느낌을 받는다. 나 또한 때때로 고객과 이러한 대화를 나누지만, 매번 그런 것은 아니다. 모든 세션에서 사운딩 보드가 되는 것은 고객의 돈과 코치의 시간을 낭비할 수 있다. 이러한 코칭은 문제를 가지고 있는 사람이 아니라 문제 자체에 초점을 두게 된다.

보다 유용한 것은 자신의 코치 교육과 경험을 활용해 무엇이 고객들로 하여금 스스로 문제를 해결할 수 없게 만드는 것인지 살펴보는 것이다. 고객들의 사고방식은 그들이 직면한 딜레마에 어떻게 기여하고 있는가? 코칭 모델의 두 번째 단계는 코칭을 문제 해결과 구별하는 것이다. 코치가 해결에 필요한 것을 발견하는 방법들은 고객의 사고를 혁신하는데 중요하다. 코치는 사람들이 문제와 가능성을 새로운 방식으로 보게끔 코칭한다. 고객들은 자신과 상황에 대해 보다 넓은 시각을 얻게 되어, 상호작용과 의사결정 방식을 바꾸게 된다.

거래적 코칭 vs. 변혁적 코칭

거래적 코칭은 고객이 다음에 무엇을 할지 말지 결정할 수 있도록 그들의 상황에 대한 생각을 분석하고자 할 때 택할 수 있다. 이러한 코칭 대화는 논리적으로 진행된다. 분석을 촉진하기 위해, "만약 …라면" "어떤 이유로" "또 다른 가능성은 무엇인가"와 같은 질문을 사용한다. 고객들은 현재의 상황을 만들게 된 과거의 요인을 회상하기도 한다. 코치는 고객이 이후와 또 그 이후에 어떻게 될지를 살펴보도록 도울 수도 있다. 더 나아가 고객이 현재 상황을 살펴보고 현실적인 가능성과 헛된 꿈을 구분할 수 있도록 도울 수 있다.

어떤 방향으로 진행하든지 거래적 코칭은 선형적이며 표면적인 문제에 집중하는 방향으로 진행된다. 이러한 대화는 고객의 사고방식, 편견 및 감정을 탐구하기보다는 표면적인 수준에만 머무른다. 이 경우에도 고객은 코치에게 고마워하고 실행 계획을 다짐할 수 있다. 하지만 일상적인 딜레마에 맞닥뜨리게 될 때, 이러한 계획은 자주 변경되거나 잊히게 된다.

모든 코칭 대화가 신념과 장애물을 탐구해야 하는 것은 아니지만, 가정을 검증하거나 무엇을 기피하는지를 파악하기 위해 살짝 발을 담가보는 것은 의미가 있다. 사람의 오래된 신념을 바꾸기 위해, 거래적, 문제 해결적 접근은 효과적이지 않다. 뇌과학자 마이클 가자니가에 의하면 우리는 하루 종일 자동화된 사고처리를 하기 때문에, 잠시 멈춰 선택의 근거를 의심하는 일이 거의 없다고 한다. 심지어 우리 스스로도 근거가 빈약하다고 느껴 의심을 해보려고 해도, 우리의 뇌는 자신을 안전하고 편안한 상태로 유지하기 위해 자기분석을 최대한 피한다고 한다. 따라서 외부의 누군가로부터 변혁적 접근 방식Transformational

Approach을 받아 이런 방어적인 태도를 깨야 한다.[1]

변혁적 코칭Transformational Coaching은 안에서 밖으로 작동한다. 성찰적 탐구 활동Reflective Inquiry은 혁신적인 변화와 전환을 이끌어 내고 기존의 사고방식을 깨뜨리는 강력한 방법으로써, 우리가 코칭을 마법처럼 느끼게 되는 부분이기도 하다.

성찰적 탐구 활동을 사용하게 되면 고객들은 마치 자신의 신념을 책상 위에 올려놓은 것처럼 살펴볼 수 있게 된다. 이런 방식으로 자신의 신념을 살펴보며 고객은 논리의 결함이나 시대착오적인 시각이 있다는 것을 확인한다.

추가적인 반영과 질문은 고객이 말하지 않았던 두려움, 욕구, 욕망을 드러낼 수 있다. 고객은 새로운 인식과 신념을 형성하면서 현실을 다른 방식으로 바라보게 된다.

> 고객이 자신과 주변 세상에 새로운 의미를 부여하면, 자신의 능력, 한계, 옳고 그름을 정의하는 방식을 바꾼다. 이러한 변화는 선택과 행동에 변화를 일으킨다.

1 —— Michael S. Gazzaniga, Who's in Charge? Free Will and the Science of the Brain (New York: Ecco, 2011), 136.

성찰적 탐구 활동을 통해 '문제'가 아니라 '사람'을 코칭하는 것이 변혁적 접근의 초석이다. 다음 다섯 개의 챕터에서 소개하는 다섯 개의 핵심적인 실천은 코치에게 필요한 성찰적 탐구 활동의 도구를 제공할 것이다. 어떤 연구나 모델을 따르는지와 상관없이, 이 다섯 가지 도구를 사용하면 코칭이 향상될 것이다.

1. 집중해야 할 것Focus ─문제가 아닌, 사람을 코칭하기

2. 적극적 재생Active Replay ─리뷰를 위해 중요한 부분 재생하기

3. 뇌 해킹Brain Hacking ─상자 안에서 보물을 발견하기

4. 골텐딩Goaltending ─코스를 이탈하지 말고 지키기

5. 새로움 그리고 다음New and Next ─통찰과 약속으로 이끌어 내기

3장

집중해야 할 것:
문제가 아닌, 사람을 코칭하기

다음에 무엇을 해야 할지,

고객은 언제나 당신보다 더 많은 것을 알고 있다.

…

(마샤 레이놀즈)

대부분의 문제 해결 공식은 문제의 해결책을 찾는데 초점을 맞추고 있다. 심지어 몇몇 코칭 모델들조차 그렇다. 코칭 세션은 일반적으로 고객이 직면한 딜레마를 설명하거나 논의하고자 하는 주제를 정하는 것으로 시작한다. 이것은 좋은 시작이라고 할 수 있다. 그러나 고객의 스토리를 공유하고, 문제를 정의한 후에도 계속 문제 자체에 대화의 초점을 맞추는 것은 잘못된 방향이다.

만약 코치가 고객에게 문제 해결을 위한 어떤 경험이 있다고 믿는다면, 외부적인 문제가 아니라 사람, 즉 고객에게 집중해야 한다. 고객들은 똑똑하고 유능하다는 것을 기억하라. 코치와 함께라면 문제의 해결책을 찾을 수 있다. 단지 고객은 다음에 무엇을 해야 하는지 결정하는 데 방해하는 것이 무엇인지 알기 위해 도움이 필요할 뿐이다. 그 방해는 사고방식일 수도, 냉소주의 뒤에 숨겨진 두려움일 수도, 또는 검증되지 않은 오래된 신념일 수도 있다. 코치의 역할은 고객의 인식을 넓혀서 지금의 상황과 지금까지 와는 다른 방식으로 관계를 맺을 수 있도록 돕는 것이다.

> 코치는 고객이 더 넓게 스스로를 생각하길 원한다. 코치는 이런 과정을 촉진한다.

숙련된 코칭 기법을 사용하는 것은 고객의 습관적인 사고방식에 도전하고 방해한다. 무엇이 효과가 없었는지 파악하고 어떻게 고칠지를 탐구하는 '운영적'인 것이 아니라 고객의 관점을 확장하도록 하는 '발전적'인 것이다. 이러한 대화는 불편할 수 있지만 고객의 뇌에서 더 많은 활동을 일으키는 매우 놀라운 결과를 보여준다. 단지 선택과 결과가 아닌 고객의 사고에 집중할 때 발생하는 그들의 신념과 행동의 변화는 지속과 적응이 가능하다.

변화는 상황에 따라 미래에 다시 확장하거나 변경될 수 있다. 3장에서는 고객이 취약성을 드러내면서도 자신이 얻고자 하는 결과에 집중할 수 있는 방법에 대해 자세히 알아볼 것이다.

지원하기 vs. 도전하기

많은 코치들이 문제에서 사람으로 초점을 전환하는 데 어려움을 겪는다. 코치와 고객 모두 외부 문제에 초점을 맞추는 것이 더 편하기 때문이다. 코치는 고객이 상황을 인식하는 데 도움을 주기 위해 중요한 질문을 하는데, 이 질문에는 딜레마를 해결하기 어렵게 만드는 요소가 무엇인지 묻는 것이 포함될 수 있다. 일부 코치는 해결책을 찾는데 도움을 주기 위해, 고객의 강점에 집중하도록 하며 문제가 아닌 사람을 코칭하는 영역으로 진입하기도 한다.

이러한 방식은 유용하지만, 충분하지는 않다. 코치가 고객의 신념과 사고방식에 도전하는 것을 피하도록 하기 때문이다. 이렇게 하면 대화에서 불편함은 없지만, 특히 강한 자아를 다룰 때는 자기 부정을 지속시킨다.

자신의 역할에서 수년간의 경험을 쌓은 고객들은 새로운 아이디어를 받아들이는 대신 자신이 알고 있는 것에 의지하는 것을 더 선호한다. 특히 지적인 사람들은 자신의 강점을 '생각하는 것'이라고 여긴다. 그들은 자신의 이성적인 해석을 진실로 확신하며, 자신의 의견을 확실한 사실로 방어한다.

고객들이 학습에 열려 있으려면 불확실성을 경험해야 한다. 의심은 사람들로 하여금 자신의 신념과 동기를 깊이 생각하게 만든다. 고객들은 마치 절벽 끝에서 몰린 것처럼 자신의 인식에 매달리며, 분노를 느끼고 방어적이 될 수 있다. 이때 만약 코치가 관심과 인내심을 유지하면서 차분하게 질문을 이어 나가면, 고객들은 이러한 집착을 놓아 줄 수 있게 된다. 고객들은 무엇이 진실인지 확신하지 못하게 되면서 가끔씩 이야기를 멈출 수도 있다. 그러나 새로운 관점이 명확해질수록 이런 멈춤의 시간은 짧아진다.

케이스 스터디

나는 행정 기반과 서비스 부문으로 구성된 다국적 기업의 부서장을 코칭한 적이 있다. 그 회사는 이전에 독립적인 회사였던 많은 곳들이 모회사에 인수되어 통합된 곳이었다. 내가 맡은 고객의 부서도 인수된 곳 중 하나였다. 그는 이러한 전환기를 팀을 잘 이끌며 극복했다. 인수된 다음 해, 그의 부서는 회사에서 최고 매출을 달성한 부서이기도 했다. 그러나 2년 뒤 모기업의 여러 결정으로 인해 그의 부서는 목표를 달성하는 데 어려움을 겪고 있었다.

그와의 세 번째 코칭 세션은 고객이 자신의 부서가 매각 대상이 되었다는 이야기로 시작됐다. 그는 팀 구성원들이 어떻게 행동하고 누가 가장 문제를 일으키는지에 대해 말하면서 평소와 비슷하게 말을 이어갔다. 이전 세션 이후 그에게 큰 변화는 없었기에, 나는 그가 가장 어려워하는 리더의 동기부여에 대해 더 깊게 파고 들어가기를 원하는지 물어봤다.

그는 약간의 짜증을 내비치며 말했다.

고객 저는 최선을 다하고 있지만, 마치 나뭇가지를 계속 톱질하는 것처럼 그들은 저를 위험에 빠뜨리려 하고 있습니다.

코치 당신이 추락하지 않기 위해서 가지를 붙들고 있다는 것을 알고 있습니다. 어떤 어려움이 있더라도 조직을 이끌기 위해 최선을 다하고 있죠. 인내는 당신의 최고의 가치 중 하나이니까요. 모회사가 당신 없이 중대한 결정을 하더라도, 그 사실에는 변함이 없습니다.

고객 맞습니다. 우리는 우리가 팔 수 있는 것을 남겨 두기 위해 노력하고 있습니다.

나는 그에게 팀 구성원들을 관리하는 것을 포함해 그가 할 수 있는 모든 것을 다하고 있는지를 물었다.

고객 최선을 다하고 있기는 하지만….

고객은 속삭이듯 말하고 잠시 말을 멈췄다.

고객 제가 아끼는 리더들이 이직을 해야 할지 계속 저에게 물어보고 있습니다. 그런데 제 자신도 아직 그 질문에 대한 답을 내리지 못해서… 대답을 주기가 어렵습니다.

코치 이해합니다. 당신 자신도 이에 대해 어떻게 해야 할지 모르고 있기 때문에 리더로서 그들에게 어떤 조언을 해야 할지에 대해 갈등을 느끼고 있을 겁니다. 하지만 당신은 여전히 그들을 위한 좋은 리더가 되고자 하지요. 그럼 우선 당신의 선택을 명확히 하기 위해 시간을 내는 것이 필요할까요?

그는 안도의 한숨을 내쉬며 동의했다. 또 이것이 현 상황에 대해 좀 더 결단력 있게 대응하는 데 도움을 줄 것이라고 덧붙였다.

우리는 그가 "만약 ~라면"처럼 추측을 그만하고, 떠나기에 적절한 상황을 명확하게 하고 싶다는 것을 확인했다. 나는 그가 이러한 전환점Tipping Point을 정의하고 싶어 하는 것 같다고 말했다. 이 세션은 먼저 생각했던 외부적인 딜레마에서, 필요 이상으로 그를 긴장시킨 사임에 대한 그의 주저함으로 그 방향을 바꾸었다.

코치　　　팀에 대한 충성심과 역경을 이겨내고자 하는 열망 외에, 당신이 이곳에 머물고자 하는 이유는 무엇인가요?

고객은 오랫동안 침묵한 후 말했다.

고객　　　제가 갈 수 있는 다른 곳이 있을지 잘 모르겠습니다.

다시 우리의 세션은 자신의 미래에 대한 그의 생각으로 초점을 맞추게 됐다. 그는 자신이 회사를 이끌어가기엔, 나이가 많다고 생각한다는 것을 인정했다. 그가 이것을 인정하자, 그가 나이에 대한 제한에 갇혀 있었기 때문에 고려하지 못했던 새로운 가능성들의 문이 열리게 됐다. 성과를 내도록 팀을 밀어붙이게 했던 그의 불안을 만들어낸 신념을 밝혀내자, 그의 긴장이 누그러들었다. 이후 우리는 자신에게 가장 적절한 이직의 시점을 더 잘 정의할 수 있었으며, 그때까지 무엇을 해야 할지 알게 됐다.

나는 고객이 회사를 떠나도록 코칭한 것이 아니었다. 내 코칭의 목적은 그가 현재 상황에서 반사적으로 행동하지 않고 결단력 있게 하는데 있었다. 세션이 끝나자 그는 자신이 이직에 대한 명확한 기준과 결정 및 상호작용에 대한 자신감을 가지게 되었다고 말했다.

의지가 강한 고객들은 보통 자신의 저항에 굳건히 인내해 줄 수 있는 사람을 존경한다. 내 고객들은 나를 강압적이고 끈질기다고 말하지만, 항상 올바른 일을 하도록 만든다고도 말한다. 고객들이 "무언가를 하도록 만든다"라는 말은 마음에 들지 않지만, 자신의 사고방식이 변하는 것을 받아들이는 방식은 감사하다. 또한 나를 그들의 여정에서 함께 하는 파트너임을 인정해 주는 것 같다. 고객이 혼란을 뚫고 나갈 수 있음을 믿고, 고객의 생각에 기꺼이 도전하고 코칭을 통해 해결책을 찾을 수 있도록 하는 내 의지는 상호 존중의 관계를 만든다.

고객들이 세상을 더 넓은 시각으로 바라볼 수 있도록 하고자 한다면, 코치의 관찰과 질문으로 불안감을 일으키는 것은 피할 수 없다. 고객들은 문제와 대안을 분석하는 것이 아니라 자신의 제한과 편견을 보게 하는 코칭을 할 때, 깨달음에 앞서 불편함을 먼저 느낄 수 있다. 이때 고객들이 불안해하거나 당황하는 것은 종종 그들이 내내 눈앞에 있었던 진실을 피했다는 것을 깨닫는 결과이다.

바로 이러한 긴장감이 코칭이 작동하고 있다는 것을 의미한다. 문제가 아니라 사람에 대해 계속 코칭하면, 중요한 결정을 내리기 위한 올바른 기준과 다음 단계의 행동이 명확해질 것이다.

소설가 폴 머레이Paul Murray는 "복잡한 진실과 간단한 거짓말 사이에서 선택해야 한다면, 사람들은 언제나 거짓말을 선택할 것이다"라고 말했다.[1] 진실은 우리를 자유롭게 하기 전에 종종 아프게 한다. 3부에서는 고객의 감정적 반응에 관계없이 변혁적 코칭을 위한 환경을 우아하게 유지하는데 필요한 맨탈 습관을 배우게 될 것이다.

문제 중심의 코칭이 아닌, 사람 중심의 코칭은 해결 중심 코칭과 구별하기 위해 깨달음 기반의 코칭Awareness-Based Coaching이라고 부를 수 있다. 코칭의 초점은 의견과 행동 뒤에 있는 신념, 불일치와 혼란을 일으키는 두려움, 상반된 가치를 파악하는 것이다. 행동을 바꾸기보다 정체성 수준에서 변화를 이루고자 하는 것이다.

---

1 —— Paul Murray, The Mark and the Void (New York: Farrar, Straus and Giroux, 2015), 365.

코칭은 보통 지원하거나 격려하는 것을 주로 하지만, 불편함이나 혼란을 일으키기도 한다. 해석에 도전하고 가정을 시험하고 감정적 변화를 인지하도록 해, 고객이 이미 가지고 있던 생각을 재배열하는 것이 아니라 완전히 새로운 것을 깨달을 수 있도록 해야 한다.

'문제가 아닌, 사람에게 주목하기'를 위한 세 가지 팁

초점을 문제에서 사람으로 전환하려 할 때, 때때로 고객들은 도움이 아니라 괴롭힘을 당하는 것으로 느낄 수 있다. 또한 고객들이 코치를 진정으로 인정하고 받아들이기에는 더 많은 세션이 필요할 수도 있다. 다음 팁을 활용해 적절한 신뢰를 확립하고 문제에 초점을 맞추는 것에서 사람에 대한 코칭으로 효과적으로 전환할 수 있다.

1. **코칭에 대한 기대치를 설정해야 한다.** 코치와 고객이 코칭 세션이 어떻게 될 것인지에 대해 같은 기대를 가질 필요가 있다. 코치가 처음 고객을 만나서 그의 코치가 되는 것에 동의하는지 합의할 때, 코치는 조언자가 되지 않을 것이라는 것을 알려주어야 한다. 코치는 고객의 문제를 다루거나 앞으로 나아갈 방법을 결정하는 데 불확실성을 야기하는 것이 무엇인지 정리하기 위해 고객의 생각 파트너가 되어주는 것이라고 알려주어야 한다.

코치는 현실을 직시하거나 현재와 관련 있는 과거를 상기할 수 있도록 할 수 있지만, 더욱 중요한 것은 코치가 고객들의 현재의 인식과 선택에 대해 탐구할 수 있도록 돕는 최고로 신뢰할 만한 파트너임을 알려주어야 한다. 코치가 세션 사이에 도움이 될 독서 숙제나 과제를 제공할 수 있지만, 고객은 자신이 배운 것으로 무엇을 해야 할지에 대해 코치가 알려주기를 기대해서는 안 된다.

2. 고객의 능력에 대한 믿음을 늘 상기해야 한다. 코칭은 자신의 문제를 스스로 해결할 수 있는 고객의 잠재력에 대한 믿음으로부터 시작된다. 코치는 고객이 혼자서는 보지 못했던 방향을 보도록 돕는 역할을 한다. 그러기 위해서는 고객이 달성하고자 하는 것과 그것을 실현하지 못하고 있는 상황에 대해 호기심을 가져야 한다. 어떤 것이 장애가 되고 이를 극복하기 위해 무엇이 필요한지 궁금해해야 한다.

코치는 고객의 지식과 경험이 부족하다고 판단되어 조언이나 충고를 제공하고 싶은 마음이 들 때 이를 인식해야 한다. 고객이 창의적이고 유능하다는 것을 기억하면서 숨을 들이마시고 그 욕구를 놓아줘야 한다. 고객은 코치가 자신의 능력에 대해 믿어준다는 것을 알게 되면, 자신의 결점, 편견 및 두려움을 인정할 때 느끼는 취약성에 대한 불편함을 기꺼이 받아들이게 된다. 고객에 대한 코치의 믿음이 학습이 일어날 수 있는 조건을 만든다.

3. 문제를 명확히 하는 것에서 사람을 코칭 하는 것으로 전환하는 적절한 시기를 알아야 한다. 코칭 세션에서 얻고자 하는 결과─고객이 코칭을 받는 기간 동안 이루고자 하는 것─를 명확히 한 후에는 문제를 해결하기 위한 대안을 찾아봐야 한다. 이미 시도해 본 것과 고려했

지만 하지 않았던 것들에 대해 발견함으로써 코칭에 점차적으로 들어가게 된다. 이때 고객이 고려했지만, 하지 않았던 것에 대해 이야기함으로써 고객이 망설이는 이유를 알 수도 있다.

대부분의 경우 코치는 유능한 고객들의 '옳고 그름'에 대한 제한적인 시각과 타인의 예상이나 판단에 따라 행동하는 '해야 하는 일'에 대한 시각을 확장할 필요가 있다. 실패에 대한 두려움이나 왜곡된 책임감이 그들의 시각을 어떻게 제한하고 있는지, 파헤쳐 볼 필요가 있다. 이미 하기로 결정한 일에 자신감을 불어넣는 것이 필요할 수도 있다.

그들이 해결해야 할 개인적인 문제를 탐험할 의지가 있다면 코치는 초점을 문제 중심에서 고객 중심으로 전환할 수 있다. 이때가 바로 정신적인 방해 없이, 자신이 항상 옳은 결정을 알고 있었다는 것을 고객이 스스로 깨닫는 순간이다.

4장

적극적 재생:
리뷰를 위해 중요한 부분 재생하기

경험은 오직 말을 하기 시작할 때 드러난다.

...

(한나 아렌트Hannah Arendt)

코치는 반영적 진술을 통해, 고객이 행동하는 동기와 제한적인 신념을 보다 객관적으로 볼 수 있게 하는 역동적인 거울의 역할을 한다. 고객은 이를 인식하는 과정에서 충격을 받을 수 있다. 반영적 진술은 고객이 문제를 더 잘 이해할 수 있게 함으로써, 기꺼이 무엇을 할 것인지에 대해 생각하도록 하는 가장 좋은 방법이다.

내가 방송 통신 예술 석사학위를 받은 후 시작한 첫 번째 일은 정신병원의 시청각 코디네이터였다. 나는 TV, 비디오 플레이어 및 필름 프로젝터 설치를 맡았다. 또한 의료적인 목적으로 환자의 모습을 녹화하기 위해 비디오 녹화 장비를 조작하기도 했다.

당시 나는 석사학위를 마친 후 하게 된 일이 하찮은 것 같아, 더 성취감 있는 직업을 찾고 있었다. 그러던 중 인생에서 가장 흥미로운 경험 중 하나를 하게 되었다.

내 석사 논문의 주제는 비디오 피드백이 개인의 자존감에 미치는 영향이었다. 나는 이를 위해 사람들이 어떤 주제에 대해 이야기하는 것을 녹화했다. 그리고 각각의 사람들과 다시 비디오를 보고 그들이 발표 기술을 개선하기 위해 어떻게 다르게 할 수 있는지에 대해 이야기했다. 이후 그들은 녹화하기 전에 며칠 동안 연습하는 시간을 가졌고, 이 과정을 한 사람당 최대 세 번까지 반복했다.

나는 이 과정에서 사람들의 자존감을 측정하기 위해 평가도구를 사용해 세 번의 세션 전후를 비교했다. 연구에 참여한 사람들은 약물 중독자, 교도소 수감자 그리고 연구의 균형을 맞추기 위해 무작위로 선택된 대학원생들이었다. 세 번째 녹화 후, 나는 자존감이 평균적으로 높게 측정된 것을 발견했다. 특히 자기 인식과 자신감에서 향상을 보여줬다.

나는 이 연구 내용을 거식증 환자들에게 필요한 교육 프로그램을 찾고 있던 정신병원 간호사와 공유했다. 그녀는 환자들이 거울을 보면서 자신을 뚱뚱하게 본다고 말한 적이 있었고, 비디오를 사용하는 것이 변화를 가져올 것이라고 확신하진 않았지만 시도해 보는 것은 흥미로울 것이라고 했다. 그리고 그녀는 담당 주치의에게도 의견을 물었다. 그는 진행 과정에 동참하기로 하며 프로그램 진행을 수락했다.

우리는 한 번의 세션만에 놀라운 결과를 얻을 수 있었다. 환자들은 비디오 속 자신의 모습을 보면서 큰 한숨을 쉬었다. 처음으로 자신이 얼마나 유령처럼 말랐는지를 보게 된 것이었다. 또한 이전에는 볼 수 없었던 신체 손상과 피부 문제 등을 알아차렸다.

환자들은 단순하고 정적인 거울을 통해서는 진실을 볼 수 없었지만, 동적인 비디오를 통해서는 자신들의 몸이 얼마나 파괴됐는지를 볼 수 있었다. 이러한 적극적 재생은 더 많은 치료에 대한 대안을 제공하는 문을 열어 주었다.

코칭에서 일반적으로 '반사 기술Mirroring Skills'이라고 부르는 것은 비디오를 틀어주는 것과 같은 효과를 낸다. 고객이 표현한 말을 그대로 되돌려주고 호기심에서 나오는 질문을 통해 고객의 자기 성찰을 자극한다. 코치의 성찰적인 진술과 질문은 고객의 행동뿐만 아니라 행동을 유발하는 신념, 두려움, 실망, 배신, 가치관의 충돌, 그리고 욕망을 적극적으로 다시 보여 주는 효과가 있다.

적극적 재생을 실천하는 데는 두 가지 기술이 중요하다. ① 고객이 말한 핵심 요소를 요약하는 것과, ② 의미를 해석하지 않고 감정의 변화를 알아차리는 것이다. 코치가 요약하고 알아차린 감정을 공유하는 것은 이번 챕터에서 설명한 하위 기술에 포함된다. 이러한 기술을 명료화하고 탐색할 수 있는 질문으로 연결하면 고객으로 하여금 탐구 활동을 가능하게 한다. 이 과정은 고객의 사고 형성의 근원을 더 깊이 파고들게 한다. 이렇게 고객이 얻게 된 통찰력은 그들을 앞으로 나아가게 만든다.

요약하기

'요약하기'는 단순해 보이지만 그 효과는 강력하다. 사람들은 자신의 말을 듣고 나면, 그들의 생각과 신념들을 보며 자신을 돌아본다. 이 시점에서 그들은 잠재적으로 보지 못했던 것이 무엇이었는지를 보거나, 자신이 가지고 있던 신념의 부정확한 부분을 알아차릴 수 있게 된다. 고객들은 새롭게 인식한 것의 의미를 만들기 위해 뇌가 다시 정렬을 하고 배치하는 동안 숨을 멈추거나, 때때로 숨을 몰아쉴지도 모른다.

'요약하기'의 목적은 앵무새처럼 고객이 말하는 것을 외우고 따라하는 것이 아니라, 고객이 자신의 이야기와 이야기하는 방식을 객관적으로 관찰하도록 돕는 것이다. 자신의 생각을 듣게 되면, 스스로의 행동, 사건 그리고 선택에 대해 자신이 얼마나 제한적인 평가를 내렸는지 볼 수 있다.

요약을 실천하는 것에는 세 가지 기술이 있다. ① 재포장하기Recapping, ② 환언하기Paraphrasing, ③ 캡슐화하기Encapsulating. 코치는 종종 요약하기 이후 "이 갈등이 목표 달성에 어떤 영향을 미치고 있나요?"와 같이 말의 정확성이나 대화의 방향에 미치는 영향을 확인하기 위한 질문을 할 것이다. 고객이 자신의 생각을 들을 수 있도록 요약하는 것과 질문으로 탐색Examination을 불러일으키는 것은 성찰적 탐구 활동의 좋은 활용법이다.

재포장하기

코칭에서 내가 가장 좋아하는 문장 중 하나는 "그러면, 당신이 말한 것은…"이다. 나는 고객이 어려움을 겪고 있는 이슈나 문제 또는 바라는 결과를 다시 반영해서 말해준다. 그러면 고객은 행동하기 어렵게 하는 주요 원인을 다시 말한다. 그러면서 고객은 추가 질문 없이도 스스로 내가 반영해 준 말에 동의하거나 수정한다. 이때 고객이 강조하고 있는 것은 물론이고, 세세한 것도 놓치지 말아야 한다. 종종 고객이 감정 변화와 함께 표현하는 말들은 고객의 행동을 막고 있는 큰 신념이 무엇인지 드러낸다.

케이스 스터디

내 고객은 남편이 5년 동안 야간 근무를 하는 것에 대해 실망스럽다는 이야기를 하고 있었다. 그녀는 그들이 아이를 가질 때 남편이 주간 일자리를 찾는 것에 동의했다고 생각했다. 지금은 이들 부부에게 두 아이가 있지만, 남편은 이에 대해 논의하려는 것을 회피하고 있었다.

나는 고객의 말을 요약했다.

코치　　당신은 남편이 새로운 직장을 찾기를 원하지만, 남편은 이것에 대해 대화를 나누려 하지 않는군요.

그녀는 동의했다. 나는 대화를 꺼내는 것을 어렵게 만드는 것이 무엇인지 더 잘 이해하고 싶어 남편의 회피가 어떻게 보이는지 물었다.

고객 1년 전에 그에게 새로운 일자리를 얻는 것에 대해 이야기를 꺼낸 적이 있어요. 그런데 그가 큰 벽을 세우더군요. 그래서 다시 이야기를 꺼내기가 무서워요. 이제 우리는 중요한 어떤 주제에 대해서도 많이 이야기하지 않습니다. 우리는 함께 보내는 시간이 거의 없어요. 집에 함께 있어도, 남편은 핸드폰 게임만 해요. 어떻게 해야 할지 모르겠어요.

코치 알겠어요. 당신은 남편이 새로운 직장을 찾기를 원하지만, 남편은 이것에 대해 이야기하고 싶어 하지 않아요. 그래서 만약 다시 이 문제를 제기하면 거부당할까 봐 두려워서 남편과 거리를 두고 있네요. '큰 벽을 세우더라'라는 말을 강조할 때 저는 그것이 당신에게 중요한 지점처럼 느껴졌습니다.

그녀의 분노는 슬픔으로 바뀌었다. 긴 침묵 끝에 부드럽게 "네"라고 대답했고 나는 그녀에게 코칭의 방향성을 선택할 수 있도록 했다.

코치 당신은 그의 직업 탐색에 대한 대화를 효과적으로 접근하는 방법을 찾기를 원하나요? 아니면, 부부 사이에 있는 벽을 허무는 방법을 살펴보기를 원하나요?
그녀는 벽이 없는 관계로 돌아가는 방법을 찾는 것을 선택했다.

'재포장하기'를 할 때는 고객이 사용한 말을 사용해야 한다. 말한 대로 받아들이고, 그것을 다시 들려주는 것이다. 그들이 욕구와 짜증으로 표현하고 있는 감정도 포함해 표현해 주고 의미를 분석하지 않아야 한다. 고객이 무엇을 말하고 있는지 코치가 생각하기 시작하면 중요한 지점을 놓칠 수 있다. 생각은 코치의 적이다.

명확화를 위한 재포장하기

코치는 '재포장하기'를 통해 초반의 스토리를 넘어서 고객의 상황을 인식하는 데에 집중할 수 있다. 너무 자주, 코치들은 처음의 스토리를 듣고 전체 그림을 이해한 것으로 생각한다. "제가 잘 이해했는지 봐주시겠어요?"라고 말하고 고객이 제기한 딜레마를 공유하면, 시작점을 명확하게 정리할 수 있다. 보통 고객들은 코치의 요약을 듣고 나서 중요한 세부 정보를 추가한다. 또한 코치가 듣고 있고, 함께 하고 있다고 느낀다.

명확화를 할 때 코치의 질문은 고객이 상황에 대해 어떻게 느끼는지 밝히는 데 도움이 되어야 한다. 가장 중요하게 생각하는 것이 무엇인지, 행동하지 않은 채 고민해 온 기간이 얼마나 되었는지, 어떤 이유로 지금 행동해야 한다는 절박함을 느끼고 있는지, 그리고 이미 시도한 것들은 무엇이고 그것이 도움이 되었는지 방해가 되었는지 등을 알아내기 위해 호기심을 유지해야 한다. 짧은 요약과 질문들은 고객들에게 자신들이 스스로 할 수 없는 이야기를 깔끔하고 포괄적으로 제공한다.

"나는 원해요" "나는 필요해요"라는 말이 들리는 상황에서는 반드시 주목해야 한다. 원하고 필요한 것의 중요성과 그것들을 실현하지 못했을 때의 비용을 탐색해 보라.

코치 역시 고객의 욕구와 그것의 실현 가능성에 대해 어떻게 생각하는지 알고 싶어 한다. 그 다음 고객이 원하는 것과 필요한 것을 얻기 위해 기꺼이 무엇이든 할 것인지 확인해야 한다.

요약과 명확화에 있어 참을성을 가져라. 고객이 실제로 어떤 일이 일어나길 원하는지 그림을 명확하게 할 수 있도록 도울 때, 코칭은 쉽고 유익해진다.

갈등과 모순을 인식하기 위한 재포장하기

고객은 종종 원하는 것과 해야 하는 것 또는 기대하는 것이 충돌할 때 속수무책이 된다. 코치가 두 가지 입장을 명확히 할수록 점점 더 많은 좌절감이나 불안감을 드러낼 수 있다.

케이스 스터디

나는 일을 더 즐길 수 있는 방법을 찾고자 하는 여성을 코칭 한 적이 있다. 자신의 일이 힘든 것 하나 없이 쉬워져 도전의식이 없어졌다고 말했다. 새로운 프로젝트를 시작하고 싶었지만, 회사의 성장이 "어리석은 내부 갈등"을 일으켜 그녀의 시간을 잡아먹는 상황이었다. 그녀는 이러한 곤경에서

2부. 다섯 가지 핵심 실천 방법

벗어날 방법을 찾을 수 없었다. 종종 그녀는 엉뚱하게 가족에게 화풀이를 한 적도 있었다.

나는 "어리석은" 갈등들이 그녀가 일을 즐기지 못하도록 하고, 집에서 스트레스를 유발하고 있다는 것을 재확인했다. 그녀는 일이 좋고, 보상도 잘 받고 있으며, 회사가 성장함에 따라 자신의 기술을 잘 사용하고 있고, 가족들도 그녀가 계속해서 일을 하는 것으로 많은 이익을 누리고 있다고 말했다. 나는 그녀가 이 일을 지속하는 이유를 요약하고, 덧붙여 그녀가 말을 하는 동안 긴장한 모습이 보였다고 말했다. 그러자 왠지 고객이 코칭이나 나에게 짜증이 난 것 같았다.

고객이 불쑥 말했다.

고객　　떠나고 싶어 하는 것이 잘못된 건가요? 제 위치를 부러워하는 사람들이 많아요. 이 직장에 있는 것은 가족을 잘 지원해 주지요. 그렇지만 제가 떠났을 때 어떻게 될지는 아무도 모르잖아요.

코치　　맞아요, 동의합니다. 당신이 떠난다면 무슨 일이 일어날지 누가 알겠어요? 하지만 당신 주변 사람들은 당신이 머무는 것이 좋다고 생각하는 거죠.

그녀는 멍하니 나를 쳐다보았다. 나는 잠자코 있었다. 마침내, 그녀는 다음과 같이 말했다.

고객   제가 감사함을 느껴야 하는 것 같지만, 그렇게 느끼지는 않습니다.

코치   당신이 원하는 것과 당신이 해야만 하는 일이 충돌하는 것 같습니다. 당신은 '떠나고 싶어 하는 것'을 잘못되고 나쁜 것이라고 생각합니다.

그녀는 고개를 끄덕였다. 나는 그녀에게 지금 가장 중요한 것이 무엇인지 고려하면서, 남아야 하는 이유와 떠나고 싶은 욕구를 저울질해 달라고 요청했다. 순간 내 눈에 그녀가 빠르게, 또 단호하게 반응하는 것이 보이자 나는 다음과 같이 말했다.

코치   당신이 떠나고 싶다는 것을 알고 있으니, 당신의 선택이 얼마나 당신을 잘못되고 나쁘게 만들지 더 깊이 탐구해 볼 의향이 있나요?

그녀는 빠르게 덧붙였다.

고객   떠나고 싶어요.

이 세션이 끝날 때 어떤 결정을 내려진 것은 아니었다. 그녀는 좀 더 생각해 보길 원했다. 두 시간 후, 그녀는 내게 "저는 제가 원하면 떠날 수 있습니다. 감사합니다."라고 메일을 보냈다.

이 세션은 성공적이었다. 고객이 누가 자신의 선택을 대신 만들어 주는지에 대해 명확하게 알게 됐기 때문이다. 그녀는 좀 더 자유로워졌다. 그녀는 가족과 이야기하는 방법과 덜 중요한 사람들의 의견에서 벗어나는 방법에 대한 더 많은 아이디어를 얻었다. 그녀는 기대되는 가능성과 미지의 것을 더 잘 구별할 수 있게 되었으며, 더 나은 계획을 세울 수 있게 되었다.

고객이 분명한 갈등을 언급할 때, '하지만'이라는 단어를 사용하는지 집중하라. 특히 그들이 선호하는 선택지를 알려주기 위해 감정을 표현할 때 중요하다. 고객에게 선택을 강요하지 마라. 지금 눈앞에 두 가지 선택지보다 더 많은 선택지가 있다는 것을 볼 수 있도록 도와주어라.

케이스 스터디

나는 자신의 사업을 매각하기로 한 고객을 코칭한 적이 있다. 세션은 두 달에 한번씩 진행되었고, 그는 매번 새로운 일들로 인해 매각을 지연시켰다. 다시 두 달 동안 어떤 일들이 있었는지를 살펴보며, 나는 그가 매각을 미루는 이유가 계속해서 발생하는 사건들 때문이라는 사실을 반영해줬다. 그에게 매각을 할지 말지 선택하는 것이 괜찮은지 물었다. 그러자 그는 매각을 하지 않는 것에 대해 생각해 본 적이 없다고 말했다. 그는 시간이 필요했다.

이틀 후에, 그는 내게 전화해서 회사를 매각하고 싶지 않다고 말했다. 그는 "함께 일하는 가족"을 사랑하고 직원들에게 좋은 직장을 만들어 주는 것을 즐기고 있다고 말했다. 그의 말은 변화를 피하기 위한 핑계처럼 들리지 않았고, 무척 결연했다.

나는 그에게 용기가 생겼다는 것을 알아차렸다. 일단 선택을 내리자, 그는 더 많은 책임을 위임하는 것이 그가 회사를 매각한 후에 할 수 있다고 생각했던 몇몇 활동들을 얼마나 자유롭게 할 수 있는지를 깨달았다.

코치가 고객에게 최선의 선택지가 어떤 것인지 판단하지 않도록 주의해야 한다. 어떤 결정을 내리던, 고객이 스스로 현재 상황에서 자신에게 가장 적합하다고 결정하는 것이 무엇이든 그것을 인정하는 것이 중요하다.

어떤 것이 고객의 최선의 선택인지 판단하지 않도록 주의하라. 고객이 이 순간에 스스로 옳다고 판단하는 것은 무엇이든 받아들여라.

환언하기

직장을 떠나고 싶지만 다른 사람들이 그녀의 결정을 잘못된 것으로 판단하는 것 같은 느낌을 받은 고객의 사례에서 나는 '잘못된 것'과

'나쁜 것'이라는 단어를 사용해 그녀의 갈등을 명확하게 했다. 고객은 '잘못된 것'이라는 말을 사용했고, 나는 그녀의 두려움의 깊이를 확인하기 위해 '나쁜 것'이라는 단어를 추가했다. 다른 사람들에게 상처를 줄 결정보다는 잘못된 결정을 내리는 것이 덜 힘들다.

그녀의 감정을 기반으로 나는 그녀에게 '잘못된 것'과 '나쁜 것'이라는 말을 언급했다. 그녀는 일하면서 겪는 '어리석은' 갈등을 경멸적으로 묘사하면서도, 일을 떠나기로 결정했을 때 사람들로부터 받을 비판에 대한 죄책감도 드러냈다. 그녀는 옳고 그른 결정만 고려했던 것이 아니라, 자신이 선택하는 것에 따라 선하거나 악하다고 판단 받을 것으로 여겼던 것이다.

'환언하기'는 고객이 자신의 말과 감정의 의미를 스스로 분석해 볼 수 있도록 도와준다. 코치는 고객의 신념을 탐색하는 것을 돕기 위해 조금 다른 형태로 말해줄 필요가 있다.

환언하기는 제안이다. 고객은 코치의 말을 받아들일 수도 있고 그렇지 않을 수도 있다. 만약 고객이 동의하지 않는다면, 다른 명확한 설명을 할 가능성이 높다. 코치는 '환언하기'를 할 때 고객의 말에 대한 해석을 추가하게 될 것이다. 그러나 고객들이 말한 내용을 기반으로 코치의 버전으로 말하게 되는 것을 주의해야 한다. 만약 코치가 고객의 문제를 자신의 경험을 기반으로 추측하고 있다면, 코치는 '반영'이 아닌 '판단'을 하는 것이 된다.

코치가 '환언하기'를 하고 있는지 또는 판단을 하고 있는지를 실

시간으로 파악하기는 어려울 수 있다. 이러한 기술을 실천하고 있다면, 다시 살펴보기 위해 고객의 동의하에 코칭 세션을 녹음하는 것도 좋은 방법이다. 물론, 이후 지우는 것은 당연하다. 어떻게 '환언하기'를 했는지를 들으며, 코치는 자신이 선택한 단어가 고객을 어떻게 이끌었는지 스스로 되물어봐야 한다. 코치의 말이 명확함을 위한 것이었는가? 아니면 코치의 경험에 기반을 둔 것이었는가? 가능한 한 '환언하기'는 고객이 말한 것에 대한 코치의 의견이 아니라, 그 내용을 대체하는 말이 되는 것이 좋다.

　은유를 사용하는 것도 '환언하기'의 한 방법이다. 의미만 같다면 맥락이 다르더라도 은유를 사용해 고객이 말한 것을 묘사할 수 있다. 예를 들어, 리더가 직원들에게 책임을 위임할 만큼 그들을 신뢰하지 않는 이유를 설명할 때 "마치 식물을 관리할 때 옆집의 십대에게 그 일을 맡기지 않고 계속 스스로 가지치기를 하고 있는 것처럼 들리네요"라고 말할 수 있다.

　만약 고객이 은유적 표현에 동의한다면, 상황을 만들어내는 신념이 무엇인지 탐구할 수 있다. 앞서 나온 위임의 예시에서는, 직원들의 능력 부족에 대한 신념과 옆집의 십대에 대한 의심을 비교해 탐색할 수 있다. 그녀의 팀이 신생 팀이기에, 아직 어떤 결정을 내리기엔 그 팀에 대한 아무런 경험도 없다는 것을 발견할 수도 있다. 이 경우, 위임은 훈련부터 시작하는 것이 필요하다. 또는 그녀가 너무 엄격한 기준으로 다른 사람의 부족함을 판단하고 있다는 것을 알게 될 수도 있다.

이로부터 리더로서 위임을 망설이게 하는 것이 두려움 때문이라는 것을 알 수도 있다. 은유는 큰 명료화 도구이다.

캡슐화하기

때로는 몇 개의 단어만으로 고객의 이야기 속 주요 요소를 포착할 수 있다. 고객의 경험을 명명하기 위해 구문 또는 단어를 사용하면 된다. 이 실천방법은 라벨링하기Labeling, 핵심 파악하기Bottom Lining, 구별해 주기Drawing Distinctions를 포함한다.

라벨링하기

고객의 경험에 '라벨링하기'를 한다는 것은, 코치가 고객의 이야기에 제목을 붙여주는 것이다. 고객이 이야기할 때 사용한 "도무지 알 수 없는 것"이나 "신뢰 없음"과 같은 몇 개의 단어들을 사용할 수 있다. "마치 큰 바위를 언덕 위로 밀어 올리는 것처럼 들립니다." 또는 "결승선을 잃어버린 것처럼 들립니다."와 같이 간단한 은유를 사용할 수도 있다. 고객이 아무런 설명 없이 간단하게 동의하는 경우, "이 이미지가 이 세션에서 당신이 원하는 것을 달성하는데 어떤 의미를 가지나요?"라고 추가로 물어볼 수 있다.

나는 리더 한 명을 코칭하고 있었다. 그는 평소 살아보고 싶어 했던 나라에 위치한 회사로부터 매력적인 일자리를 제안받았지만, 망설이는 자신에 대해 알아보고 싶어 했다. 그는 그동안 다른 산업에서 세 번의 이직을 한 적이 있었다. 입사 후 빠르게 신제품을 추가해 매출을 획기적으로 끌어올린 후, 같은 업종의 새 회사로 이직했었다.

코칭할 때 그는 새로운 산업분야에서의 첫 직장을 다니고 있었다. 그는 CEO가 자신의 재능을 믿어준 것에 감사해했다. 그뿐만 아니라 CEO는 그에게 시니어 리더 직책을 맡겼다. 덕분에 그는 혁신과 실행력을 발휘할 뿐만 아니라 리더로서도 많은 것을 배우고 있었다. 하지만 제안받은 일자리는 그의 능력을 시험할 수 있을 뿐만 아니라 가족에게도 좋은 곳이었다.

코치 충성심이 있는 것으로 들리네요.

고객 맞아요! 그거예요. 충성심! 이전까지는 그런 걸 느낀 적이 없었거든요. 그래서 이전 직장을 떠나는 게 더 쉬웠던 거죠.

그의 망설임은 '충성심'이라는 키워드로 요약할 수 있었다. 이렇게 하나의 단어로 그의 이야기를 묘사함으로써, 우리의 대화는 '충성심'이 그에게 장애물인지 도움이 되는 요소인지 탐색할 수 있게 되었다. 그는 자신이 리더로서 역할을 확장하는 것을 좋아한다는 것을 확인하고, 지금의 자리에 머물기로 결정했다.

'충성심'은 그의 딜레마를 요약한 단어였다. 이 라벨링은 그의 갈등의 요인을 파악하는 데 필요한 명확성을 주었다.

핵심 파악하기

'핵심 파악하기'는 고객이 원하는 결과를 달성하기 위해 해결해야 할 문제들을 분리하는 데 도움을 준다. 고객은 종종 원하는 것에 대해 동의하면서, 동시에 앞으로 나아갈 수 없는 이유들도 말한다. 코치가 고객의 이유를 요약해 주면, 고객이 이유를 추가한다. 그러면 대화는 계속 빙빙 돌게 된다.

'하지만'이란 단어에 집중해 보자. '하지만'은 고객들이 행동하지 않기 위해 만드는 변명을 나타낸다. '하지만' 이전에 말한 내용으로 대화를 되돌리고, 그 행동을 취하고 싶은 것인지 핵심을 파악한 후 그 행동이 위험을 감수할 가치가 있는 것인지 다시 한 번 확인해 보라.

'핵심 파악하기'는 위험을 감수함으로써 발생할 가능성이 있는 결과와 그렇지 않은 결과를 구별하는 데도 사용된다. 예를 들어 고객이 일어날 수 있는 모든 나쁜 일들을 나열한 후에는 "핵심을 파악해 보면, 당신은 새로운 직장을 찾고 싶어 하지만 현재는 이직하는 것이 어려울 수 있는 세 가지 사항이 있네요"라고 말할 수 있다. 이러한 균형 있는 시각을 통해, 무엇이 그들을 방해하는지 더 잘 검토할 수 있다.

'핵심 파악하기' 진술은 고객이 두려움의 안개를 걷어 낼 수 있도록 도와
준다.

'핵심 파악하기'는 신념과 깨달음을 요약하는 데에도 사용할 수
있다.

케이스 스터디

상사에게 책임을 늘려줄 것을 요청할 적절한 시기를 찾지 못하고 있던 고
객이 있었다. 그녀는 요청을 하지 않는 것에 대해 항상 그럴듯한 변명을
했다.

코치   핵심적으로, 당신이 원하는 것을 요구했을 때 일어날 수 있는
최악의 일은 무엇인가요?

그녀는 상사가 자신의 일을 탐낸다고 오해할까 봐 두렵다고 말했다.

코치   당신은 상사를 대립하는 입장에서 보고 있군요? 어떤 이유에서
상사가 당신의 요청에 부정적으로 반응할 것이라고 생각하나요?

그녀는 어쩌면 그가 그렇게 부정적으로 반응하지 않을 수도 있다는 것을

인정했다. 또한 그녀의 요청이 위협적으로 느껴지지 않도록 하겠다고 말했다. 그래서 나는 이렇게 말했다.

코치   그렇게 하는 건 쉬워요. 당신이 느끼는 실제 위험은 무엇인가요?

고객   제가 실제로는 더 많은 일을 맡을 준비가 안 돼 있으면 어떡하죠?

코치   그러니까 핵심은, 상사가 어떻게 반응할지에 대한 것이 아니라 실패에 대한 두려움 때문에 요청하기를 주저하고 있는 것이네요.

고객   네…

나는 그녀에게 일에서 성공한 미래를 그려보라고 했다. 그녀는 쉽게 그 모습을 묘사했다. 다음으로 나는 코칭 세션의 초점을 상상한 성공한 모습을 이루는 방법에 대해 나누는 것으로 옮기고 싶은지 물었다. 그 후, 그녀는 자신의 기술과 지식의 부족한 점을 파악하고 발전에 대한 욕구를 확인했다. 결국 그녀는 자신의 미래에 대해 상사와 이야기할 약속을 잡지 않을 이유를 더 이상 찾지 않았다.

사람들이 앞으로 나아가는 것을 막는 선택에 대한 고민은 종종 굴욕감과 수치심을 느끼게 될 것을 두려워하는 것에 기인한다. 바보처럼 보이고 싶지 않고, 리더나 부모로서 무능하게 여겨지거나, 변화를 이끄는 것을 거절당할까봐 염려한다. 그들은 하려는 것을 계획하기보다는 하지 않는 것을 방어하는데 더 많은 시간을 할애한다.

고객이 말한 중요 포인트를 간결하게 요약하는 것은 그들이 두려워하는 손실 가능성을 평가하는 데 도움이 된다. 자신의 방어기제를 벗어날 수 있게 해 주며, 또한 만약 두려움이 현실이 되었을 때 다음에 무엇을 할 것인지도 볼 수 있다.

나는 종종 '핵심 파악하기'를 사용한 후 "만약 당신이 걱정할 것이 없다면, 즉, '하지만'이 나타날 일이 없다면 무엇을 할 건가요?"라는 질문을 한다. 이 질문은 그들이 정말 하고 싶은 일이 무엇인지 명확하게 하면서 두려움의 영향을 약화시키는 데 도움이 된다.

구별해 주기

'구별해 주기'는 내가 가장 좋아하는 실천 방법 중 하나로, 사람들이 원하는 것이나 해결해야 할 문제를 명확하게 하는 데 도움을 준다. 예를 들어, 내가 코칭한 어떤 고객은 더 탄력적이고 강인한 삶을 원했지만 노화로 인해 그녀의 뇌가 둔해졌을까 봐 걱정했다. 그녀는 처음 직장을 다니기 시작했을 때보다 행동이 더 느려진 것 같다고 했다. 그녀가 무엇을 잃어가고 있는지 명확하게 하기 위해, 나는 다음과 같이 물었다.

코치   두 가지가 중요한 것 같네요. 하나는 빠르게 행동하지 않는 것이고, 다른 하나는 선택지들을 빨리 파악하지 못한다는 것입니다. 이 중 더 큰 문제는 무엇인가요? 예전처럼 대담하지 않다는 것이 큰 문제인가요? 아니면 문제를 해결할 때 예전만큼 영리하지 못하다는 것이 큰 문제인가요?

그녀는 자신이 예전만큼 영리하지 못하고, 그런 이유로 문제를 다루는 방식이 지금과 몇 년 전이 다르다는 것을 발견하게 됐다. 그러다 그녀는 마침내 "그냥 지쳤어요"라고 말했다.

코치   당신이 하는 일에 지쳤나요? 아니면 할 일이 너무 많아서 체력적으로 지쳤나요?

그녀의 대답은 후자였다. 이를 통해 그녀는 자기 관리가 부족했던 것에 대해 이야기하게 됐고, 코칭 세션에서 얻고자 하는 결과를 새롭게 합의하게 됐다.

다른 일반적인 '구별해 주기'에는 실행 약속에 대한 고객의 열정과 기쁨의 정도를 비교하는 것이 있다. 자신이 '목표로 하는 표준'과 '요구되는 완벽성의 차이'를 발견하는 것, 성공 척도의 기준으로 '품질'과 '수량' 중 어떤 것을 염두에 두는지에 대한 비교 등도 있다. 또한, "그들의 행동에 질렸어요"라고 말할 때, "질렸다는 말이 무슨 말인가요? 문제를 해결할 수 있는 선택권이 없어서 그런 건가요? 아니면 그들의 행동에 화가 나서 그런 건가요?"와 같은 질문으로 고객이 실제로 해결하고자 하는 것을 생각하게끔 도울 수 있다.

만약 욕구나 가치가 충돌하는 것을 들을 때에는 "당신의 두 가지 선택 사항이 서로 충돌하는 건가요, 아니면 둘 다 조금 더 이룰 수 있는 방법이 있는 걸까요?" 라고 물어보는 것이 좋을 수 있다. 몇 가지 예시는 다음과 같다.

▶ 가족의 일상을 방해하지 않고 새로운 직장을 가지고 싶어 하는 고객

▶ 가족과 더 많은 시간을 보내고 싶지만 직장에서 기여한 것에 대한 인정을 더 많이 받고 싶어 하는 고객

▶ 다른 사람을 돕는 것을 좋아하지만 자신만의 시간이 더 필요한 고객

▶ 일에서 느끼는 성취감을 좋아하지만 인생을 다르게 경험하고 싶어 하는 고객

'구별해 주기'는 고객이 갇혀 있는 사고를 명확하게 하는 좋은 방법이다. 또한 생각하고 느끼는 것을 명확하게 한다. 그들이 앞으로 나아가기 위해 무엇을 해결해야 할지를 결정하게 한다. 가치들 간의 충돌을 정확히 짚어내주어, 대안을 더 잘 탐색할 수도 있게 한다. 고객이

혼란을 극복하는 데 도움을 줄 수 있도록 '구별해 주기'를 사용하라. 그러면 대화가 더 빨리 진행될 것이다.

요약하기와 질문 결합하기

코치는 대화에서 고객이 제시하는 내용을 '재포장하기' '환언하기' 그리고 '캡슐화하기'로 요약한 후에, 질문을 덧붙일 수 있다. 질문은 고객이 상황을 어떻게 보고 있는지에 대한 코치의 궁금증으로부터 나올 것이다. "…이 맞나요?"나 "이것이 가장 걱정되는 부분인가요?"와 같은 닫힌 질문도 강력한 도구가 될 수 있다. 이전에 효과적이었던 질문을 기억하려고 시간을 낭비할 필요가 없다. 함께 나눈 대화만으로도 충분히 좋은 질문들을 떠올릴 수 있다.

요약하기를 위한 세 가지 팁

고객이 곤경에 빠져 어떤 해결책도 찾기 힘들어지면, 자신의 시각을 설명하다 길을 잃는다. '요약하기'는 고객이 가는 길을 볼 수 있도록 안개를 걷어주는 방법이다.

명확하게 볼수록, 고객들은 자신의 장애물과 선택지를 더 잘 인식할 수 있게 된다. 객관적으로 상황을 관찰할 수 있도록 돕기 위해서는 고객의 경험을 간결하게 반영해야 하는데, 다음 팁이 도움이 될 것이다.

1. **고객의 말을 사용해 고객이 원하는 결과와 고객의 행동을 지연시킨다고 느끼는 요인을 '재포장하기' 또는 '캡슐화하기'를 하라.** 그다음은 고객에게 핵심 단어가 무엇을 의미하는지 설명하도록 요청하라. 핵심 단어는 고객의 행동에 대한 해석(이유), 즉 "내가 정말로 원하는 것은…" 또는 "문제가 정말로 무엇인지…"와 같이 '정말로'라는 단어 뒤에 붙이는 요점, 그리고 감정이 담긴 문구가 포함된다.

2. **은유를 사용해 고객이 어떤 상황에 어떻게 반응하는지 비유적으로 표현하라.** "세상을 어깨에 짊어지고 있는 것 같다" "강을 거슬러 올라가는 것 같다" "독수리에게 둘러싸여 있다"처럼 같은 의미를 가진 다른 맥락의 그림을 그려 볼 수 있도록 하라. 그리고 난 후 고객의 인식을 구성하는 근본적인 신념, 가정, 두려움을 드러낼 수 있도록 질문을 하라.

3. **고객이 원하는 결과와 이를 달성하는 데 가장 큰 걸림돌이 무엇인지 들은 것을 토대로 핵심을 파악해 변명이나 불필요한 뒷이야기를 잘라내라.** 고객이 동의하는 경우 "이것을 원하십니까, 아니면 이것을 원하십니까?" 또는 "당신이 아끼는 것을 잃는 것이 더 두렵습니까? 아니면 꿈을 이루기 위해 해야 할 일이 더 두려운가요?"와 같이 질문함으로써 해결하기 위해 필요한 것을 보다 명확히 구분해 줄 수 있다. '핵심 파악하기'와 '구별해 주기'를 하면 생각을 명확하게 만들어 고객

이 해결책에 더 빨리 도달할 수 있다.

감정 변화 알아차리기

사람들이 항상 진실을 말하는 것은 아니다.

그렇다고 해서 의도적으로 거짓말을 하거나 정보를 숨기는 것은 아니다. 종종 자신이 느끼는 감정과 그 이유를 표현하는 방법을 모를 뿐이다. 또한 코치가 어떻게 반응할지 몰라, 강한 의견을 공유하는 것을 불편해할 수 있다. 부끄러운 생각이나 행동을 공개하는 것을 피할 수도 있다.

그러나 감정, 망설임, 과장된 표현은 고객이 다음에 무엇을 해야 할지 결정하기 전에 해결해야 할 문제를 드러낼 수 있다. 고객의 표정에 나타나는 감정 변화를 관찰하면 표현하기 어려운 부분을 수면 위로 끌어올리는 데 도움을 줄 수 있다.

내 경우, 사람들이 말한 내용을 요약하고 현재 상황을 잘 정리한 것인지 물어보거나, 그들이 해결하고 싶다고 말한 여러 가지 문제를 나열하고 어떤 것이 가장 중요한지 물어보면 고객들은 잠시 멈추고 자신의 생각에 대해 생각해 본다. 감정의 변화를 알아차리고 공유하면 고객들은 멈춰 서서 자신의 느낌에 대해 생각한다. 앞으로 나아가는 데 방해가 되는 신념, 갈등 또는 두려움을 파악하는 데 있어 감정을 탐구하는 것이 생각을 탐구하는 것보다 더 강력할 수 있다.

고객이 표현한 감정을 적극적으로 확인시켜주면, 코칭 이외의 대화에서는 하지 않거나 할 수 없는 방식으로 자신의 딜레마에 대해 논의할 수 있는 문이 열린다.

예를 들어 고객이 다음과 같은 행동을 할 때 알아차릴 수 있다.

▶   목소리 톤이 바뀌며 아래를 보거나 고개 돌릴 때

▶   망설이거나 침묵할 때

▶   목소리를 크게 하거나 생동감 있게 말할 때

▶   다른 사람의 의도나 행동을 해석하는 방법을 설명할 때 '항상' 또는 '절대로'의 단어를 강조할 때

▶   "내가 정말 원하는 것" 또는 "내가 정말 참을 수 없는 것"과 같이 선언을 강조하는 어조와 함께 '정말'이라는 단어를 사용할 때

코치는 고객의 경험을 고치거나 달래려고 하지 않으면서, 알아차린 감정적 반응을 인식하고 공유한다. 그런 다음 연민이 담긴 호기심으로 그 표현을 촉발한 신념, 두려움, 의심 또는 갈등이 무엇인지 탐구한다.

코치는 연민을 담은 호기심을 가져야, 고객의 감정을 판단하지 않고 수용한다. 고객의 감정을 바꾸려 질문을 사용하지 않는다. 원하는 결과와 감정의 관계를 이해하기 위해 고객이 보이는 반응의 근원에

대해 질문한다.

코치가 발견한 고객의 변화를 공유한 후, 그 표현이 어떤 의미인지 물어보고 그 성찰이 새로운 발견을 일으킬 것인지 확인할 수 있다. 이때 고객이 아무 말도 하지 않는다면 코치는 고객이 성찰을 하도록 잠시 시간을 줄 수 있다. 고객이 말하길 주저한다면, 고객의 생각을 자신과 공유해도 괜찮은 지 물어본다. 고객이 자신의 반응이 무엇을 의미하는지 설명할 때, 코치는 '요약하기'를 사용해 딜레마를 정의할 때 공유한 이야기와 감정을 연결할 수 있다.

> 자신의 감정적 반응을 이해하게 되면 자신을 더 잘 이해할 수 있다.

'감정 변화를 알아차리기'는 강력하지만 잘 사용되지 않는 코칭 기술이다. 나는 코치들이 부정적인 감정으로 보이는 것을 놓치거나 언급하지 않는 것을 보면서 『불편한 질문이 모두를 살린다The Discomfort Zone』라는 책을 썼다. 코치들은 고객이 열정, 열의, 안도감을 표현할 때는 공유하는 것에 능숙했지만 분노, 냉소, 죄책감 같은 어두운 감정에 대해서는 그러지 못했다.

또한 코치들은 고객이 느끼는 고통을 완화할 수 있는 제안을 내놓기도 했는데, 이러한 코치들의 동정심은 공감을 덮어 버렸다. 안타깝게도 고객의 기분을 나아지게 하려는 코치의 시도는 고객이 자신의 감정을 더 잘 이해할 수 있도록 돕지 못한다. 코치의 이러한 반응에 일부 고객은 불쾌한 감정을 느끼기도 한다.

코치가 고객을 도와주기 위해 코칭을 중단하면 고객은 더 이상 코치에게 자신을 온전히 표현할 수 없다고 느끼게 된다.

성장에 중요한 감정 인식하기

우리는 보통 어떤 감정은 부정적이고 나쁜 것이라고 믿으며 자랐다. 나도 누구 못지않게 행복한 기분을 좋아한다. 기분이 밝을 때 생산성이 더 높다. 내일에 대한 희망이 있을 때 사람들과 더 쉽게 어울릴 수 있다.

또한 분노의 힘을 통해서도 나는 인생에 큰 변화를 이루어 냈고, 두려움을 느낄 때 용기의 깊이를 깨달았으며, 슬픔을 통해 인생에서 중요한 것이 무엇인지 배웠다.

코치는 고객이 눈물을 흘릴 수 있는 안전한 공간을 제공하고, 분노와 상처를 느낄 수 있도록 허용하며, 코치를 포함한 그 누구도 신뢰하지 못하는 순간을 받아들여야 한다. 거짓된 희망을 줄 필요 없이, 의심 가득한 비판과 실망스러운 시각을 인정해 주어야 한다. 코치가 고객과 같은 이야기의 삶을 살았더라도, 고객의 손을 잡지 않고서도 관심을 갖고 있다는 것을 보여줄 수 있어야 한다.

고객의 감정을 억압하는 것은 고객의 성장을 막는 것이다.

코치의 의도가 가치 있었는지 와는 상관없이 우는 고객을 위해 휴지를 가져다주려고 뛰어가는 등 고객의 기분을 나아지게 하려는 시도는 코칭에 부정적인 영향을 미친다. 고객을 도와주기 위해 중간에 끼어들면 고객은 자신이 이해받지 못하고 있다고 느끼거나 불쾌감을 느낄 수 있다. "도와주는 것"이라고 생각하는 대응은 상대방이 자신의 생각을 온전하게 표현하고자 하는 의지를 가로막을 수 있다.

고객은 코치가 그들을 기쁘게 해 주길 바라는 것이 아니라, 자신이 느끼는 감정에 상관없이 괜찮다는 것을 인정해 주길 원한다. 온전한 수용은 고객이 자신의 감정을 더 잘 이해할 수 있도록 자신의 감정에 대해 이야기하도록 장려한다. 고객이 감정의 근원을 이해하면 사고에 미치는 영향이 약해진다. 고객은 지금 무엇이 가능한지 혹은 무엇을 해야 하는지를 더 잘 인식할 수 있다. 자신의 감정적 반응에서 알아차린 것을 활용해 지연되었던 결정을 내릴 수 있다.

비반응적으로 공감하기

다른 사람들과 함께 있을 때, 코치는 자신의 경험이라는 렌즈를 통해 감정적 신호를 포착하고, 해석하게 된다. 인생에서 경험은 상대방이 느끼는 감정의 이유를 이해할 수 있는 공감 능력을 제공한다. 하지만 감정 변화를 인식하는 것과 다른 사람이 왜 그렇게 느끼는지 이해하는 것은 동일하지 않다.

공감은 주관적이다. 고객이 왜 그렇게 느끼는지 해석할 때, 코치의 의견이 맞을 수도 있고 아닐 수도 있다. 다른 사람의 감정을 감지할 때의 본능적인 반응은 실제 있는 것이다. 그러나 감정의 근원에 대한 이해는 정확할 수도 있고 정확하지 않을 수도 있다.

케이스 스터디

나는 구성원 중 특정한 누군가와 대화 나누는 것을 불편해하고 있는 매니저를 코칭한 적이 있다. 그 구성원은 최근에 승진을 했는데 이후, 팀 성과에 피해를 주고 있었기에, 고객은 해당 구성원에게 다시 강등된다는 사실을 말해야 하는 상황이었다. 그는 구성원이 이를 받아들이는 대화를 하기를 바라지만, 한편으로는 이를 거절하고 퇴사할까봐 우려하고 있었다. 나는 대처 방법에 대해 이야기하는 동안 고객의 불안이 점점 더 커지는 것을 느꼈다. 마침내 그는 고개를 숙이며 중얼거렸다.

고객　　그녀가 적임자라고 생각했는데….

나는 고객이 말하며 자세와 목소리가 변한 것을 인식했을 뿐만 아니라, 그 말에 내 마음이 아파지는 것을 느꼈다. 이어서 그는 구성원의 변덕스러운 성격에 대해서도 이야기했다.
나는 다음과 같이 말했다.

코치   잠깐만요. 방금 머리를 숙이고 목소리를 낮추며 말한 것이 있었죠. 그녀가 적임자일 거라고 생각했다는 말씀을 하실 때 슬픈 것처럼 조용해지시더라고요.

그는 깊게 한숨을 쉬고는 대답했다.

고객   슬픔보다는 부끄러움이 더 큰 거 같습니다. 제 잘못이 아닐까요? 제가 그녀를 너무 일찍 승진시킨 것일지도 모르겠어요.

코치   그 부분에 대해 이야기해 볼까요? 그게 이번 대화에 어떤 역할을 할지도 생각해보면서요.

고객은 얼굴을 찡그리며 말했다.

고객   좋습니다.

나의 관찰 덕분에 고객은 그녀가 자신을 나쁜 리더로 판단할까봐 느꼈던 두려움에 직면할 수 있었다. 그는 그 믿음을 살펴보고, 실수를 인정했다. 이후 대화는 그의 깨달음을 그 직원과 어떻게 공유할지에 대한 것으로 바뀌었다. 그는 그녀가 앞으로 교육과 멘토링을 받아 준비된 관리자로서 성공하기 위해 한걸음 물러서 주기를 바랐다. 그는 그녀의 잠재력을 여전히 믿고 있었다.

코치는 자신이 알아차린 고객의 감정 변화를 공유해야 한다. 이후 고객의 반응을 기다리거나 표정의 의미가 무엇인지 물어볼 수 있다. 흥분은 어떤 가치를 나타내는지, 자신의 의심이 어디에서 왔다고 알고 있는지 등 감정적 변화를 일으킨 원인을 알고 있다면 올바른 것인지 아닌지와 상관없이 그것이 무엇인지 묻고 구분해 주면 좋다.

고객의 좌절은 현재의 업무 배정 때문일 수도 있고, 미래로 나아 갈 수 있는 길이 없다고 느끼기 때문일 수도 있다. 코치는 그들로 하여 금 자신이 관여하지 못한 결정 때문에 화가 나거나, 말하지 않은 것 때 문에 화가 나는 것은 아닌지, 자신의 반응에 대해 해석하고 결정하도 록 하게 해야 한다. 코치가 제시한 가능성들은 그들이 자신의 생각과 감정에 대해 더 깊이 생각하도록 돕는다. 만약 고객이 코치의 말을 정 정한다면 자신의 감정의 원인을 보다 명확히 할 수 있다.

> 고객의 감정 변화를 느낄 수 있는 코치의 능력을 믿어라. 그리고 호기심을 이용해 반응을 일으킨 원인을 탐구하라.

고객의 경험으로 코치가 자신의 경험 중 하나를 떠올릴 수 있어 도, 코치는 이야기하지 말고 담아 두어야 한다. 과거에 동일한 감정을 느꼈다고 얘기하면, 코칭에서 벗어나 문제를 해결하려고 하는 것이다.

만약 고객에게 자신의 취약성을 표현할 수 있는 안전한 공간을 제 공하기를 원한다면, 코치는 고객의 감정으로 느끼는 것들을 놓아주어야 한다. 코치는 배려와 연민을 가진 호기심으로 대화가 전개될 수 있는 안전한 공간을 만들 수 있다. 그리고 고객이 느끼는 것을 확인하고 이해할 수 있다. 그것은 고객의 감정을 함께 느끼는 것이 아니다.

> 인간은 단순히 말로만 이해받는 것 이상으로 깊이 이해받고 싶어 한다. 연민을 가진 호기심으로 감정 변화를 알아차리는 것은 상대방을 배려한다는 것을 보여준다.

심지어 직장에서도 대부분의 사람들은 자신의 감정을 이해받기를 바란다. 감정을 말로 표현하기 어려울 때, 고객은 코치가 자신의 불편함이나 고통을 감지하기를 원한다. 또한 폭로된 비밀스러운 자신의 이야기에 따뜻한 대응을 기대하기도 한다. 코치는 감정이 고객들이 바라는 결과에 어떤 영향을 미치는지 물어볼 수 있다. 이는 고객이 감정을 처리하길 원하는지, 그냥 이야기를 나눌 안전한 장소가 필요한지 알아보기 위함이다.

지나친 공감은 나쁠까?

나는 감정 지능 및 코칭 스킬 수업에서 종종 너무 많은 공감이 나쁠 수 있는지 묻는 질문을 받곤 한다. 만약 타인으로부터 느껴지는 감정을 그대로 받아 주는 거라면, 그 답은 "예"일 수 있다. 반면에 코치가 자신의 몸에서 느껴지는 감정을 알아차리고 놓아줌으로써 고객이 감정을 안전하게 표현할 수 있는 공간을 제공하고자 하는 것이라면 그 답은 "아니오"일 수 있다.

공감하는 능력은 다른 사람의 감정에 전염되는 감정 전염과는 다르다. 대부분의 사람들은 무엇을 표현하든 상대방이 봐주고, 들어주고, 가치를 인정해 주길 갈망한다. 판단 받는다는 느낌 없이 자신을 표현할 수 있을 만큼 안전하다고 느끼기를 원한다. 고객들은 코치가 그들과 함께 슬퍼하거나, 스트레스를 받거나, 화를 내거나, 불안해하는 것을 필요로 하지 않는다.

만약 코치가 고객이 최초에 보이는 반응 이상으로 감정적으로 받아들인다면 고객은 코치를 배려해야 한다고 느낄 수 있다. 코치를 화나게 한 것에 대해 죄책감이나 미안함을 느낄 수도 있다. 고객의 감정적 반응을 알아차리는 것은 순간적인 반응으로, 비판하지 않는 방식으로 관찰하고 나누는 것이다.[1]

코치로서 고객의 감정을 나의 것처럼 지나치게 느꼈다면 다음과 같이 하라. 몸을 이완하고 감정을 가라앉힌 다음 다시 고객과 온전히 함께 할 수 있도록 한다. 이러한 감정을 그대로 내버려 두면 몸과 마음이 감정으로 사로잡히게 된다.

---

1 —— Richard J. Davidson and Sharon Begley, The Emotional Life of Your Brain: How Its Unique Patterns Affect the Way You Think, Feel, and Live—and How You Can Change Them (New York: Penguin, 2012), 60.

감정에 대한 감염이 너무 심하면 스트레스 호르몬인 코르티솔이 증가해 감정을 해소하기 어려워질 수 있다.[2] 코칭에서 다른 사람의 감정을 지나치게 받아들이면 강화하려 했던 신뢰관계가 깨질 수 있다. 고객의 고통을 덜어주는 책임감에 사로잡히면 문제를 해결하려 하면서 코칭에서 벗어나게 된다. 자신의 기분을 더 좋게 만들고자 할 때도 이렇게 한다.

> 코치는 다른 사람의 감정적 반응을 관찰하고, 자신의 몸에서 일어나는 경험을 감지하고, 목격하고 감지한 것을 공유한 다음 감정을 놓아줌으로써 다른 사람의 표현에 감사하고 격려한다.

코치가 자신의 감정에 휘둘리지 않고 감정 표현과 변화에 주위를 기울이면, 고객의 탐구를 촉진할 수 있게 된다. 고객들은 감정의 강도가 줄어들면서 자신의 생각에 대해 더 명확하게 성찰할 수 있게 된다. 코칭이 더 원활하게 진행될 수 있게 된다.

---

2 ——— Agata Blaszczak-Boxe, "Too Much Emotional Intelligence Is a Bad Thing," Scientific American Mind, March 1, 2017, 83.

감정 변화를 알아차리기 위한 세 가지 팁

감정 변화를 반영하는 것은 코치와 고객 모두에게 강력하면서, 동시에 두려운 일이 될 수 있다. 코치는 관찰한 내용을 객관적으로 공유하기 위해 고객의 감정적 반응을 알아차릴 때 생기는 불편함을 관리해야 한다.

감정 변화를 공유하면 새로운 깨달음을 불러일으킬 수 있지만, 고객은 종종 통찰이 나타나기 전에 강한 감정으로 반응한다. 다음 팁을 활용해 고객의 감정 표현을 효과적으로 반영하라.

1. **고객의 자세, 목소리 톤, 얼굴 표정, 호흡의 변화를 알아차려라.**
"나는 …을 감지했습니다." "나는 …을 들었습니다." 또는 "나는 …을 느낍니다."로 문장을 시작한다. 코치는 자신이 옳다는 생각에 집착하지 말고 이러한 성찰을 공유해야 한다. 고객이 반영된 것을 받아들일 수 있도록 잠시 멈추고, 응답을 기다리거나 고객의 감정 변화가 무엇을 의미한다고 생각하는지 물어보라. 고객이 명확히 알지 못하는 경우에는 이전에 말한 내용을 바탕으로 감정의 원인을 나눌 수도 있다. 만약 고객이 코치가 제공한 것과 다른 출처를 식별한다면, 코치가 제공한 것을 수정할 것이고, 이것은 고객이 이전에 볼 수 없었던 감정들을 비추게 될 것이다.

론 카루치Ron Carucci는 고객이 응답을 주저하는 경우에 "당신의 침묵을 어떻게 해석해야 할지 알려주세요." "방금 제가 한 말이 다른 생각을 하게 만든 것 같습니다. 저에게 공유해 주시겠습니까?"와 같은 문장을 사용할 것을 제안했다.[3] 코치는 자신의 감정에 대해 이야기할 준비가 되지 않은 고객에게 그것을 강요해서는 안 된다. 새롭게 인식이 떠오르기 위해선 시간이 필요할 수 있다.

2. 고객이 어떤 말과 표현을 하든 그들의 경험을 수용하고 표현하라.
고객이 자유롭게 자신을 표현하려면 판단으로부터 안전하다고 느껴야 한다. 고객의 감정이 불편하게 느껴진다면 숨을 쉬고 긴장을 풀어 집중하고 마음을 열 수 있도록 하라. 고객이 자신의 편견에서 비롯된 판단으로 몸이 굳어지는 경우에는 천천히 숨을 내쉬며 마음을 비워라. 코치 앞에 앉아 있는 사람들이 딜레마를 해결하기 위해 코치를 신뢰하고 있다는 것을 항상 생각하며 따뜻하게 대하라. 실제적인 신체적 위협이 없는 한, 그들의 몸과 마음으로부터 멀어질 필요는 없다.

3. 호기심을 실천하라. 코치는 호기심이라는 감정이 뇌와 몸에서 어떤 느낌을 주는지 알아봐야 한다. 그런 다음 고객의 표현이 불편하게 느껴질 때—공감에서 동정심으로 넘어가 안타까운 마음이 들거나 고객의 감정을 자신의 감정으로 받아들이게 될 때—다시 호기심으로 전환해 코칭을 계속 이어 나가면 된다.

---

3 —— Ron Carucci, "4 Ways to Get Honest, Critical Feedback from Your Employees," Harvard Business Review, November 23, 2017, https://hbr.org/2017/11/4-ways-to-get-honest-critical-feedback-fromyour-employees.

5장

뇌 해킹:
상자 안에서 보물 발견하기

우리는 사람들이 상자 밖에서 생각하길 원하지만,

사람들은 그 상자조차도 볼 수 없다.

...

(리처드 보야치스Richard Boyatzis)

내 뇌의 한 가운데에는 하루하루 삶을 항해하는 데 사용하는 스토리들로 가득 차 있는 상자가 하나 있다(그림 ①). 그 상자의 틀은 시간이 지날수록 두꺼워지며, 외부의 방해로부터 나의 스토리와 관점을 보호한다.

잠에서 깨는 순간부터 나는 나를 안내하는 스토리들을 기반으로, 내가 누구이고 무엇을 해야 하는지 알고 있다. 나는 "항상 일찍 일어난다"라는, 내가 바꿀 수 없을 것 같은 스토리를 가지고 있다. 내 나이에 걸맞은 삶의 질을 유지하기 위해 "아침 운동 루틴"에 대한 스토리를 중요하게 가져가고 있다.

나는 다른 사람을 잘못 판단했을 때에는 기꺼이 열린 마음으로 실수를 인정하지만, 코칭에 대한 내 견해는 견고하다고 믿기 때문에 이

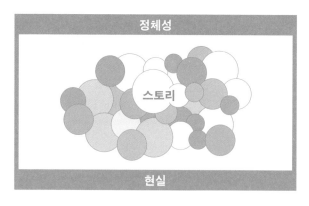

그림 ① 스토리들의 상자

책을 썼다. 내가 무엇인가 대답을 할 수 없다는 것을 깨닫게 되면, 나는 '전문가'로서 내 스토리를 유지하기 위해 빠르게 내 멘토, 책, 연구 자료들을 체크한다.

나는 내 주위에 불확실성이 휘몰아쳐도 확신하지 못하는 것이 거의 없다. 내가 해석한 것이 진실이라 믿으며 나의 상황에 의미를 부여하기 위해 내 스토리를 그려나갈 것이다.

정치철학자 한나 아렌트는 "이성에 대한 욕구는 진실의 추구가 아니라 의미의 탐구에 의해서 영감을 받는다. 또한 진실과 의미는 다른 것이다"라고 말했다.[1] 뇌는 사건에 의미를 부여하려고 노력하지 진실을 확인하는 데 시간을 들이지 않는다.

우리의 프레임은 우리를 보호하는 동시에 갇히게 한다.

마찬가지로 당신도 스토리로 꽉 찬 상자를 가지고 있다. 우리가 비슷한 경험을 가지고 있더라도, 당신의 스토리는 나의 스토리와는 다르다.

우리의 스토리를 둘러싼 프레임은 우리의 중요한 삶의 경험과 학습으로 짜여 있고, 우리가 매 순간(현실)에 부여하는 의미와 우리 자신을 정의하는 방식(정체성)을 형성한다. 우리는 아침에 정신을 차리고 일어나기 위해서는 우리가 누구인지, 그리고 우리가 현실이라고 부르는 것이 무엇인지에 대한 감각이 필요하기 때문에, 우리의 프레임은 상당히 견고하고 안정적이다. 그래서 일상 대화에서 자신에게 적절한 방식으로 그 프레임을 지키려고 한다.

프레임 안쪽의 영역은 우리의 맥락이다(그림 ②). 맥락적 영역은 우리가 가장 중요하다고 믿는 것(삶의 가치), 그리고 자기 자신과 관계

1 —— Hannah Arendt, The Life of the Mind (New York: Harcourt Brace Jovanovich, 1978), 15.

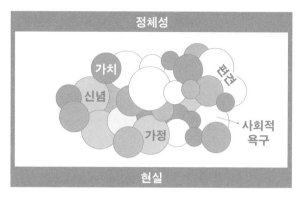

그림 ② 프레임이 스토리를 만드는 내부의 맥락적 영역

(사회적 욕구)에 대해 좋은 느낌을 가지기 위해 필요한 것을 담고 있다. 우리는 우리의 가치와 욕구를 기준으로 옳고 그름, 좋고 나쁨을 인식한다. 그렇기 때문에 우리는 우리의 맥락이 만들어낸 규칙을 따르며 살고, 그중에는 다른 규칙보다 더 중요한 규칙도 있다. 또한 이러한 규칙은 다른 사람들도 그렇게 살길 바라는 기준이 된다. 우리의 신념, 편견, 가정들은 우리의 경험에서 비롯되지만, 우리의 삶의 가치와 사회적 욕구를 통해 만들어진다. 그리고 나서 그 의미는 우리의 스토리가 된다.

우리의 가치와 욕구는 우리의 신념과 편견을 형성하고, 이는 우리의 경험과 어우러져 스토리를 만들어 낸다.

코칭은 내면의 것을 밖으로 이끌어 낼 때 가장 잘 된 것이다. 우리는 고객의 스토리를 듣고 그 스토리에 담겨 있는 신념과 편견, 가정들을 그들이 검토하도록 코칭한다. 이러한 수준에서 코칭하는 것은 고객이 새로운 가능성에 마음을 열기 위해 필요한 것이다. 그들에게 더 이상 도움이 되지 않는 가정이나 편견이 무엇인지 보도록 고객을 코칭하게 되면 매우 혁신적인 관점의 전환이 일어날 수 있다. 스토리의 서사가 변화했을 때, 고객은 보다 자신감 있게 계획을 세우고 결정을 내리고 실행을 약속할 수 있다.

만약 고객이 자신의 신념을 탐색하고 기꺼이 더 깊이 들어가기로 한 후에도 여전히 머뭇거리거나 갇혀 있다고 느낀다면 고객의 삶의 가치와 사회적 욕구가 어떻게 그들의 스토리에서 작동하는지 봐야 한다. 탐색 과정에서는 새로운 인식과 행동의 선택으로 이끄는 가치 충돌, 두려움, 고객들이 속으로는 원하고 있지만 말로 표현하기 꺼려해 왔던 것들이 드러날 수 있다.

이러한 깨달음은 자기 자신과 현실에 대한 감각을 넓혀주고 그들의 프레임을 바꿀 수 있는 기회를 만들어 준다. 인식의 틀이 깨지거나 확장되는 것을 우리는 '중대한 발견Breakthrough'이라고 부른다.

프레임(정체성과 현실), 프레임 내부의 맥락(가치와 욕구), 그리고 우리의 스토리(신념과 편견, 가정에 의해 형성된)가 우리의 생각과 행동을 결정한다. 이것은 일상 속에서 지속적으로 작동하는 우리의 운영 시스템이다.

고객이 원하는 것이 무엇이고 그것을 볼 준비가 되었는지에 따라 코칭은 스토리, 맥락, 프레임 등 모든 수준에서 효과적일 수 있다.

스토리를 코칭하기

우리의 뇌는 불확실성을 좋아하지 않는다. 순간순간에 의미를 부여하는 능력이 있어서, 즉각적으로 우리의 신념, 편견, 가정을 이용해 스토리를 구성한다. 어떤 스토리는 두려움으로 가득하고 또 어떤 스토리는 욕망과 희망으로 가득 차 있다. 그러면 우리의 스토리는 기억으로 전환되어 우리의 프레임 내부의 맥락적 영역에서 떠다닌다(그림 ③). 우리는 그 순간에 정의를 내리고 방향을 정하기 위해 이러한 스토리에 접근한다.

우리는 주관적인 요소로 만들어낸 스토리도 믿는 경향이 있다. 『스토리텔링하는 동물The Storytelling Animal』의 저자 조너선 갓셜Jonathan Gottschall은 "인간에게 스토리는 중력과 같은 것이다. 우리 주변에 있는 힘의 영역이며 우리의 모든 움직임에 영향을 미친다"라고 말한다. 하지만 중력과 마찬가지로 스토리는 너무나도 만연해 우리의 삶을 어떻

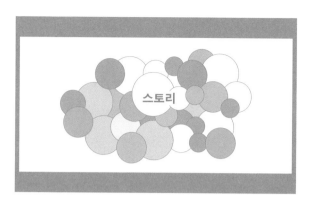

그림 ③ 스토리는 그 순간에 의미를 부여한다.

게 만드는지 거의 인식하지 못한다.[2] 우리는 무의식적으로 기억하는 스토리에 기반해서 하루하루를 살아간다.

우리는 스스로를 보호하려는 본능 때문에 자신의 스토리를 평가하거나 바꾸는 일이 드물다. 그러나 누군가가 우리가 말한 단어와 스스로가 그린 그림을 요약해 주고, 환언해 주고, 다시 말해 주면, 마치 눈앞에 펼쳐져 있는 것처럼 우리는 스토리를 머리 밖에서 볼 수 있다.

스토리 수준에서 코칭하는 것은 코칭을 시작하기 좋은 출발점이

---

2 —— Jonathan Gottschall, "Storytelling Animals: 10 Surprising Ways That Story Dominates Our Lives," The Blog, HuffPost, updated June 21, 2012, https://www.huffpost.com/entry/humans-story-telling_b_1440917.

다. 코치는 고객의 스토리를 들으며, 그 스토리가 함께 가지고 있는 주요 신념들을 짚어낼 수 있다. 코치는 행동을 마비시키는 논리의 모순과 검증되지 않은 가정들을 보고 그것에 대해 질문할 수 있다.

가치와 욕구를 살펴보기 위해 깊이 들어가지 않더라도, 스토리를 코칭하면 근거 없는 두려움과 말하지 않는 욕망을 수면 위로 드러나게 할 수 있다. 또한 스토리를 코칭하는 것은 종종 고객들의 선택지를 넓혀준다. 말로 표현하는 것은 불편해서 피하고 있었던 선택지들을 보다 명료하게 만들지도 모른다.

> 코칭을 더 깊이 있게 하든 그렇지 않든, 코칭은 고객의 상황에 대한 스토리
>
> 를 듣는 것부터 시작해야 한다.

신념과 가정이 어떻게 고객의 스토리를 붙잡고 있는지를 알아보는 것은 고객의 이야기에 접근하기 가장 좋은 방법이다. 고객은 오래된 신념과 검증되지 않은 가정들을 모으거나 수정하게 되면 안도감을 느낀다. 고객은 자신의 스토리의 한계를 깨트렸기 때문에 스스로가 중대한 발견을 했다고 말할지도 모른다. 그리고 나면 고객들은 보다 평온한 마음으로 미래를 생각할 수 있다.

나는 합병을 준비하고 있는 어느 회사의 부회장을 코칭하고 있었다. 합병 과정에서 그녀의 매니저 중 한 명이 중요한 보고서의 마감일을 지키지 않았고, 그녀의 동료들은 이 매니저가 회의할 때 매우 부정적이라고 보고했다. 그녀는 그 매니저가 왜 보고서를 작성하지 않았는지, 왜 동료들에게 무례하게 굴었는지, 그리고 합병 과정에 잘 적응하기 위해서 뭘 해야 할 필요가 있었는지 지금까지 그 매니저와 함께 한 모든 것을 자세히 설명했다.

코치　　　당신은 그 매니저를 구하기 위해서 모든 것을 했다는 말씀으로 들리네요.

고객은 잠시 침묵하다가 한숨을 쉬면서 말했다.

고객　　　맞아요. 나는 그녀가 이 상황을 바꾸길 바랐어요. 하지만 그녀를 내보내야만 할 것 같군요.

코치　　　'내보내야만 한다'는 당신이 선택하지 않은 대안으로써 흥미로운 단어네요. 그 단어가 당신에게 무엇을 의미하나요?

고객　　　내가 피하고 있었던, 책임을 필요로 하는 선택을 의미해요. 나도 내가 쩔쩔매고 있다는 걸 알아요. 나는 단지 그걸 입 밖으로 말하지 않았을 뿐이에요.

코치	하지만 지금 그걸 말했네요. 무엇이 다른건가요?
고객	솔직히, 경영진은 내가 어려운 결정을 내릴 수 있는지 없는지

보고 싶어 해요. 우리 부서는 새로운 조직의 초석이 될 거예요. 우리는 어쩌면 예산과 전문 경영인을 두고 독립적인 비즈니스 유닛으로 인정받을 수도 있어요. 그들은 내가 제대로 된 팀을 데리고 오길 바랐지만 나는 그 매니저를 포기하고 싶지 않았죠.

코치	만약 당신이 포기했다면 어떤 일이 벌어졌을까요?
고객	그래서는 안 되는 건가요? 합병 과정에서 내 사람을 잃는다는

건 나쁜 리더 아닌가요?

코치	하지만 그녀를 놓아주면 합병을 위한 적절한 팀을 갖추고 있는

좋은 리더로 인식될 수 있다는 것을 당신은 암시했어요. 그 매니저를 가도록 내버려두지 못하게 하는, 당신의 마음속에서 되뇌는 스토리는 무엇인가요?

고객	나는 어떤 사람도 지킬 수 있는 슈퍼 리더라는 거예요.
코치	그러니까, 당신은 슈퍼 리더와 터프한 리더가 상충하는 것이라

고 말하고 있군요. 마치 슈퍼맨과 배트맨처럼요. 아니면 슈퍼우먼처럼요. 당신은 어떤 망토를 걸치고 싶은지 선택해야 할 것 같은데요!

고객은 웃으면서 말했다.

고객	망토가 너무 구식이네요!

그 고객은 그 주에 어려운 결정을 실행에 옮기기로 약속했다. 그리고 1년
이 채 되지 않아 그녀는 CEO가 되었다.

고객의 관점을 가장 빠르게 바꾸는 방법은 딜레마를 만들어내고
있는 고객의 신념과 가정을, 고객이 스스로 자세히 살펴볼 수 있도록
코칭하는 것이다. 이렇게 코칭으로 명료함만 주어도, 고객들은 부족함
없이 자신감 있게 앞으로 나아갈 수 있을 것이다.

신념과 가정

코치가 고객과의 대화에서 신념이나 가정으로 느낀 것들을 고객
에게 이야기하고 그것이 진실인지를 어떻게 알 수 있는지 질문하면,
진실이 무엇인지에 대한 또 다른 가능성이 드러날 수도 있다. 몇몇 가
정들은 상황을 이해하기 위해 만들어졌을 뿐, 검증되지는 않은 것들이
다. 신념들을 검토하고 나면 어떤 것은 비이성적이었다는 것을 발견하
게 된다. 그러고 나면 스토리가 변하게 되고 깨달음이 일어날 수 있으
며, 이는 삶 자체를 바꿀 수도 있다.

관찰자로 참가하고 있던 코칭 세션에서, 어느 한 고객은 이번 코칭에서 원하는 결과가 자신의 목표에 대해 동기부여되는 것이라고 말했다. 그 고객은 열정을 잃은 상태였고, 삶이 온통 잿빛처럼 느껴진다고 말했다. 젊었을 때에는 목표를 이루기 위해 간절한 마음으로 일어나곤 했지만, 지금은 늙고 한물 간 사람이 되어가고 있다는 것을 두려워하고 있었다.

고객은 이야기를 하던 도중, 남편의 허리 수술 비용을 마련하기 위해 저축한 돈의 일부를 많이 쓰게 된 것에 대해 간단하게 언급했다. 코치는 새로운 목표를 만들고자 하는 것이 그것 때문인지 물었다. 고객은 새로운 목표나 계획이 필요한 건지 아닌 건지 모르겠다고 말했다.

코치는 우선 더 열정적인 미래의 비전을 만들어 낼 수 있는지 찾기 위해서, 고객의 강점과 가치를 탐색하려고 노력했다. 하지만 고객은 저항하는 듯 보였고 자신이 살고 있는 그 구덩이가 마치 무덤처럼 느껴진다고 말했다. 코치는 가장 슬픈 것이 무엇인지 물었고, 그녀는 자신의 젊음을 잃어가는 것이 슬프다고 말했다.

코치   당신은 새로운 꿈을 만들어낼 에너지가 없는 것처럼 보입니다.

고객   아니오! 나는 예전의 꿈을 되찾고 싶어요!

화를 내는 모습에, 그녀 자신과 코치 모두 놀랐다.

코치   당신의 꿈을 누가 가져갔나요?

고객   수술이 필요했던 건 남편의 잘못은 아니에요. 하지만 가끔 나는

그것 때문에 미칠 것 같아요. 그러면 화가 난 내 자신에게 화가 나요. 또 그

러고 나면 나는 아무것도 할 수가 없어요.

코치   그래서 지금 당신은 꿈을 이룰 수 없군요.

오랜 침묵 후에 고객이 말했다.

고객   저는 할 수 있어요. 하지만 처음부터 다시 시작하는 것 같아요.

해야 할 일이 너무 많네요.

코치   당신이 잃어버린 것은 당신의 젊음이 아니라 꿈을 이룰 삶의 여

유군요.

고객   내가 다시 시작할 에너지가 있는지 모르겠어요.

코치   그럼 다시 시작하는 것에 대해 갖고 있는 신념을 우리 함께 탐

색해 볼까요?

고객은 동의했다. 그녀는 새로운 꿈이 아니라, 예전의 꿈을 정말로 원했지

만 포기해야만 한다고 생각했었다고 말했다. 남편을 원망하는 죄책감뿐만

아니라, 자신이 그토록 열심히 일한 것을 더 이상 할 수 없다는 생각이 무

덤 속에 살고 있는 듯한 느낌을 들게 했던 것이다.

코치　　　그래서 다시 시작하는 것은 당신의 꿈을 포기하는 것이 아니라, 당신 나이에 해야만 했던 것들보다 더 많은 것을 해야 한다는 것이네요. 당신의 나이가 지금 방해하고 있는 것은 무엇인가요?

고객　　　얘기가 나와서 말인데, 제 나이 때문이 아니에요. 저는 여전히 모든 것이 변한 것에 화가 나요. 하지만 이건 말도 안 되는 소리 아니에요? 당연히, 모든 건 변해요. 내가 원하는 것을 항상 얻지는 못하죠.

코치　　　지금 이 깨달음이 당신에게 의미하는 것은 무엇인가요?

고객은 새로운 삶을 시작하기 위해 젊을 필요는 없다고 말했다. 그것은 그녀가 기대했던 것보다 훨씬 더 어려웠을지도 모른다. 그녀의 경험과 함께 모든 것을 다시 시작해야 하는 것은 아니었다.

또한 꿈을 되찾는 것이 자신에게 에너지를 준다는 것을 깨달았다. 삶에서 자기 자신에게 화내는 것을 허락하는 것 역시 괜찮았다. 그녀는 화내는 것이 나쁜 것이라고 배워 왔다. 특히 여성이 화를 내는 것은 더욱 그렇다고 말이다. 화를 낼 수 있는 자유를 둘러싼 신념이 자신을 방해하고 있었다는 것뿐만 아니라, 화를 참는 것이 점점 죽어가는 것처럼 느끼게 만들었다는 것을 깨달았다.

코치는 어떻게 하면 꿈을 되찾는 데에 그 화를 활용할 수 있을지 질문했다. 고객은 지금 할 수 있는 많은 단계들을 열심히 열거했다. 그리고 희망과 에너지를 충만하게 얻고서는 힘차게 코칭 세션을 떠났다.

이 사례는 관점의 아주 작은 변화가 삶을 변화시킬 수 있다는 것을 보여준다. 코칭은 고객이 현재와 미래의 상황에 대한 자신의 신념에 대해 질문하도록 돕는다. 새로운 인식은 그들이 가능하다고 믿는 것과 원하는 것을 성취하기 위해 요구되는 것들을 더욱 확장해 줄 수 있다. 이러한 성찰은 고객 삶의 선택지들을 바꿀 수 있는 확장된 혹은 또 다른 스토리로 이끌 수 있다.

편견

신념은 종종 의식적이거나 무의식적인 편견에 기초한다. 편견은 사람이나 사물에 대해 고정관념을 가지고 판단하게 만드는 경향이 있다. 이는 우리를 위험으로부터 보호해 줄 수도 있지만, 때로는 다른 사람들로부터 멀어지게 하고 공감능력을 단절시키기도 한다. 또한 우리는 종종 스스로의 편견을 인식하기도 한다.

우리는 증거가 있든 없든 우리가 옳다고 믿는 것을 강력하게 보호한다. 만약 편견이 직업 윤리의 중요성이나, 일보다 가족을 우선시하는 욕구와 같은 삶의 가치와 결합되어 있다면, 다른 사람들도 우리처럼 믿는다고 기대하거나 아니면 다른 사람들을 이해하고자 노력할 때

에는 자신과 다른 가치를 가지고 있다는 것을 인정하기도 한다.[3]

특히 고객의 편견이 목표를 성취하고자 하는 것을 방해하고 있다면, 코치는 코칭을 통해 고객이 자신의 편견을 드러내길 바란다. 훌륭한 리더, 부모, 또는 인간이 되고 싶은 고객들은 더 열린 마음으로 편견의 타당성을 검토할 수 있다. 코칭 외에도, 서로 다른 관점을 가진 사람들과의 존중하는 대화를 통해서도 마음을 바꿀 수 있다.

데이비드 듀크David Duke의 대자Godson(역자설명 ─ 세례식에서 종교적 가르침을 주기로 약속하는 남자아이) 데릭 블랙Derek Black은 대학에 가기 전까지는 그의 아버지가 믿는 백인 민족주의 운동의 명백한 후계자였다. 하지만 어느 한 정통파 유대교도에 의해 시작된 일련의 저녁 식사에서의 대화 이후, 블랙은 편지에서 "저는 제가 원하는 사람과 친구가 될 수 없게 하거나 다른 인종을 특정한 방식으로 생각하고 그들의 발전을 의심하도록 요구하는 운동을 지지할 수 없습니다"라고 말했다.[4]

그가 참가한 저녁 식사와 대화는 증오나 손가락질로 가득 차 있지 않았다. 참가자들은 서로를 더 잘 알기 위해 대화할 뿐이었다. 한때 서로를 적으로 바라보았던 그들 사이에 우정이 형성된 것은, 열린 마음

---

3 ── Bertram Gawronski, "Six Lessons for a Cogent Science of Implicit Bias and Its Criticism," Perspectives on Psychological Science 14, no. 4 (2019): 574-595.

4 ── Eli Saslow, "The White Flight of Derek Black," Washington Post, October 15, 2016.

으로 서로의 편견을 탐험했기 때문이다.

블라인드 스폿Blind Spot이라 불리는 무의식적인 편견은, 보통 나이, 인종, 국적, 성별, 종교, 생활 방식을 선택하는 태도와 관련이 있다. 편견의 영향은 우리의 불만과 의견으로 단순히 다른 사람들을 짜증나게 하는 것에서부터 심각하게 해를 끼치도록 자극하는 것에 이르기까지 매우 광범위하다. 다른 사람들보다 더 많은 권력이나 더 높은 지위를 갖고 있다면, 우리는 편견 때문에 다른 사람들의 기회와 선택을 제한할 수도 있다.

코칭에서는 무의식적인 편견을 밖으로 드러내는 것만으로도 충분할 수 있다. 이것은 고객들에게 그 편견을 계속 가지고 있을지 놓아줄지를 생각해 보는 기회를 줄 수 있기 때문이다. 특히 과거에 자신이 했던 행동을 부끄럽게 또는 슬프게 느끼고 있을수록, 고객들은 생각할 시간이 더 필요할 것이다.

대안적 증거가 제시되더라도 편견을 바꾸지 않기로 선택한다면, 그들은 다른 사람들도 같은 믿음을 가질 것으로 기대하는 것이 미치는 영향에 대해 생각해 볼 필요가 있다. 다른 사람들이 자신처럼 생각할 것이라는 기대를 하지 않는 것은 좋은 시작이 될 수 있다. 모든 사람이 같은 편견을 가져야 한다는 생각을 천천히 놓아주는 것조차도 강력한 변화이기 때문이다.

고객의 신념, 편견, 가정을 경청하라! 코치는 고객이 확신하고 있거나 반박하고 있는 것에 대해 당신이 발견한 것을 제공할 수 있어야 한다. 고객의 해결책을 찾는 데 집중하는 대신 고객이 어떻게 생각하는지 탐색한다면 코칭은 더욱 깊이 들어갈 수 있을 것이다. 그렇게 하면 두려움과 말하지 않은 욕망들이 나타나며, 벽처럼 굳건해 보이던 곳에 새로운 문이 열릴지도 모른다. 이런 일이 일어날 때, 당신은 진정한 생각 파트너가 된다.

맥락을 코칭하기

우리의 맥락은 우리 삶을 규정하는 규칙과 기준에 의해 정의된다 (그림 ④). 우리는 세상이 어떻게 작동해야 하고, 다른 사람들은 어떻게 행동해야 하는지에 대한 강력한 감각을 발휘하며 일상을 보낸다.

이러한 개념들은 우리가 삶에서 가장 중요하다고 믿는 가치들, 나 자신과 사람들과의 관계에 대해 긍정적인 느낌을 느끼기 위해 필요한 사회적 욕구로부터 온 것이다.

고객들이 자신의 스토리를 형성하는 신념을 검토하도록 코칭한다면, 그런 신념을 형성하는 삶의 가치와 사회적 욕구를 발견할 수 있을지도 모른다. 권력과 특권의 지위, 문화적 규범, 행복과 성공을 느끼게 하는 것들로부터 우리는 우리가 중요하게 생각하는 것들을 형성한다. 그것들은 또한 우리가 살아가는 스토리 속에 우리를 가둬 두는 두

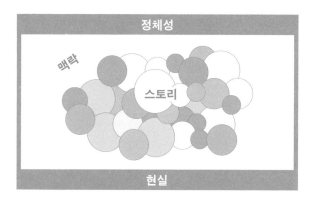

그림 ④ 우리의 스토리는 삶의 가치와
사회적 욕구의 맥락적인 영역에 존재한다.

가지 감정인 '판단'과 '두려움'을 만들어낸다.

우리의 뇌는 우리의 판단과 욕구에 대해 별다른 의심 없이 그대로 받아들이기 마련이다. 우리가 살아가면서 지키는 규칙들에 대해 질문하는 것은 두려움을 느끼게 할 수 있다. 심리학자 조슈아 아론슨Joshua Aronson의 말처럼 "두려움은 호기심의 적이다."[5]

코칭은 가치와 욕구를 직면할 때의 두려움을 극복할 수 있도록 해준다. 성찰적 탐구 활동을 통해 우리의 신념에 대해 질문하고, 듀이가 말한 것처럼 "불확실성에 대한 긴장 속에서, 은유적으로 나무를 기어

5 ── 워런 버거, 『어떻게 질문해야 할까』, 정지현 옮김, 21세기북스, 2014.

오르는 것과 같다."[6] 이런 관점에서, 고객들은 자신의 생각을 자세히 들여다보고 검토할 때 더욱 객관적으로 느끼고 학습에 더욱 열려 있게 된다.

사회적 욕구

누군가가 "결핍이 있는 사람들을 좋아하지 않아요"라고 말하는 것을 들을 때마다, 나는 혼자 웃는다. 사회적 동물로서 우리는 누구나 욕구를 가지고 있다. 우리가 끊임없이 무엇인가 필요로 하는 이유는 우리의 사회적 욕구가 다른 사람들과 연결되고 잘 지내고자 하는 동인을 부추기기 때문이다.

긍정적인 면에서 사회적 욕구는 성공의 원동력이다. 나의 욕구 중 집중 받고 싶은 욕구는 내가 작가, 선생님, 강연자로서 성공할 수 있도록 돕는다. 나의 인정 욕구는 일을 잘 하고 싶게끔 만들어준다. 통제하고 싶은 욕구는 내가 비즈니스를 성공적으로 경영하도록 돕는다.

우리의 가치와 더불어 욕구는 우리의 정체성을 형성한다. 우리는 일찍이 우리의 성공을 돕는 것이 무엇인지를 발견하고, 통합했다. 우리는 무엇이 자신을 보여주고 인정받을 수 있게 하는지, 혹은 안전하

---

6 —— 존 듀이, 『하우 위 싱크』

지 않다고 느끼게 되면 무엇 때문에 숨게 되는지를 발견했다. 우리는 우리가 가치 있다고 느끼게 하는 것이 무엇인지 배웠다. 성숙해짐에 따라, 우리의 일과 삶을 편안하게 만드는 경계에 다른 사람들을 있게 하든 그렇지 않든 그 경계를 확립했다. 우리의 정체성은 존중, 인정, 질서의식, 통제, 호감, 독립 등과 같이 다른 사람들로부터 필요하다고 생각하는 것들을 포함한다.

또 한편으로 사회적 욕구는 자신의 욕구가 거부되거나 침해 당했을 때 두려움, 분노, 복수심, 실망, 좌절, 슬픔과 같은 다양한 감정을 유발할 수 있다는 부정적인 점이 있다. 우리는 기대했던 것을 얻지 못했을 때 감정적으로 반응한다. 그렇기 때문에 우리가 왜 그런 욕구를 충족하고자 기대했는지 검토해볼 필요가 있다. 그리고 그다음에 해야 할 가장 생산적인 행동이 무엇인지를 자유롭게 보기 위해, 그 욕구가 채워지지 않았을 때 느끼는 감정이 왜 일어나는지 따져볼 필요가 있다.

> 사람들은 무의식적이고 중요한 원동력이 사회적 욕구를 채우고자 하는 열망일 때조차도, 의사결정을 하는데 논리를 사용한다고 생각한다.

코치는 고객이 자신의 스토리를 말하면서 그것을 부정적으로 바꾼다는 것을 알아챈다면, 고객이 가득 채우고 싶어 하는 사회적 욕구가 무엇인지 혹은 필요하지만 구체화하기를 두려워하는 것은 무엇인지를 찾아야 한다.

고객은 억울해 할 수도 있고 아무런 이유 없이 다른 사람들의 행동을 부정적으로 판단할지도 모른다. 아니면 마지못해 동의하면서 말할지도 모른다. "그건 결코 바뀌지 않을 거야. 나는 그냥 이대로 살아야만 해." 혹은 "빌어먹을! 나는 내가 얻으려 한 걸 다른 데서 얻을 거야!"처럼 말이다.

욕구는 나쁜 것이 아니다. 우리에게 욕구가 있는 이유는 우리 삶에 그것이 도움이 되기 때문이다. 예를 들어, 당신은 경험을 통해 인생에서의 성공이란, 통제력을 유지하고 안전한 환경을 만들고 당신을 높이 평가하는 사람들을 주변에 있도록 하는 것에 달려 있다는 것을 배웠다. 충족시키고자 하는 욕구 때문에 우리는 행동한다. 아주 미약하게라도, 우리는 우리의 가족과 동료들이 우리의 욕구를 충족시켜 주었을 때 가장 행복하다.

그러나 욕구에 너무 집착하게 되면, 우리의 뇌가 필요한 것을 주지 않는 사람들로 주의를 돌릴지도 모른다. 그들은 심지어 우리의 욕구를 비웃는 사람들일수도 있다. 그리고 원하는 것을 얻지 못할 것이라고 예상하거나, 욕구가 부정적으로 평가받고 있다고 생각할 때 우리는 감정적인 반응을 보인다.

우리는 여기서, 다른 사람들의 의도와 그들의 행동이 우리에게 미치는 영향의 실체에 대해 고려해야 한다. 다른 사람들이 나의 욕구를 적극적으로 부정했는가? 아니면 내가 그 상황에서 지나치게 개인적으로 받아들이고 있는 것은 아닌가? 비록 좋게 보이지는 않았더라도, 그들의 의도 자체는 좋은 것이었다는 것을 깨달을 지도 모른다.

우리를 감정적으로 반응하게 하는 욕구에 대해 의식적으로 인정하지 않는다면 우리는 욕구의 노예가 된다. 또 다른 면에서, 사람들이 특정한 방법으로 우리를 대해 주기를 기대했다거나 우리가 계획한 대로 상황이 전개되기를 희망했다는 등 우리의 욕구를 솔직하게 말할 때, 우리는 우리가 그들에게 무엇을 기대하는지 알려줄 수 있고, 우리가 필요로 하는 것을 요청할 수 있다. 또는 손해라고 여겨지지 않는다면, 크게 한숨 들이마시고 우리의 욕구를 포기할 수도 있다.

욕구를 인식하는 것은 반응을 선택할 수 있는 자유를 준다.

다음은 우리가 사회적 욕구를 충족하지 못하거나 충족하지 못할 것처럼 느낄 때 반응하는 가장 일반적인 감정적 유발 요인을 나열한 목록이다.

고객이 욕구를 분명하게 표현할 수 있도록 돕는 첫 번째 단계는, 코치가 고객의 감정적인 반응과 변화를 알아차리는 것이다. 특히 톤이 부정적으로 바뀔 때를 주의해야 한다. 고객들은 일어나길 기대했던 일들을 설명할 때 화를 내거나 슬퍼할 수도 있다. 코치는 고객이 "나랑 약속했어요" "어떻게 그런 결정을 할 수 있죠?" "그는 아무것도 몰라요" 혹은 "피곤해요" "이제 질렸어요"와 같은 말을 언급했을 때를 유심히 들어야 한다.

동의	존중	호의
이해	필요한 존재	가치 있는 존재
통제권	옳음	공정한 대우
관심	편안함	자유
평화로움	균형	일관성
질서	다양성	사랑
안전	예측 가능성	소속감
독립성	새로운 도전	재미

이때 코치는 고개이 자신의 감정에 대헤 논의하도록 격려힐 수 있다. 배신감이 느껴진 부분은 어떤 것이었는지, 어떤 부분이 그렇게 무례했는지? 무엇이 짜증나고 믿을 수가 없는지? 자신의 감정을 처리하게 되면, 고객들은 자신의 충족되지 않은 욕구와 그에 따른 자신의 반응을 이해할 수 있게 된다.

코치는 고객들이 충족하지 못한 욕구들을 발견하면 다음과 같은 대안들을 선택하도록 질문할 수 있다.

▶ 당신이 필요한 것이 무엇인지 부탁할 수 있나요? (예를 들어, 좀 더 경청해 달라거나 결정을 함께 한다거나 등)

▶ 다른 곳에서 당신의 욕구를 충족시킬 수 있나요?

▶ 이 경험으로부터 무엇을 배우고 앞으로 나아갈 수 있나요? (예

를 들어, 당신은 무엇을 발전시키거나 받아들이길 원하나요? 당신이 더 이상 말할 필요가 없는 지난 스토리이지만 무엇에 기반하고 있나요? 꼼짝 못하게 하는 느낌을 받지 않기 위해 무엇을 떨쳐버릴 수 있나요?)

하지만 고객의 욕구를 판단하지 않도록 주의해야 한다. 이러한 욕구들의 일부는 코치 자신의 욕구를 반영하게 되거나 그렇지 않을 수도 있을 것이다.

코치가 보기에 사소하게 느껴지는 욕구가 있을수도 있다. 하지만 이러한 욕구들은 고객에게는 매우 중요한 것이다. 고객의 욕구를 가볍게 여겨서는 안 된다.

우리 모두에게는 결핍이 있다. 나 역시도 그렇고, 우리의 고객들도 마찬가지다. 우리의 뇌는 우리가 원하는 것을 얻을 수 있도록 자주 계획을 짠다. 우리는 가족을 포함해 우리에게 필요한 것을 주지 않는 사람들을 피하거나 반항하거나 감정적으로 거리를 두려고 한다. 그러므로 감정과 욕구에 대해 이야기하는 것은 우리가 앞으로 나아가기 위해 해결해야 할 것이 무엇인지 명확하게 해 준다.

삶의 가치

가치는 무엇이 가장 중요한지에 대한 강한 신념이다. 맥락적인 영역에서 가치는 가장 안정적인 요소이다. 가치는 일, 친구, 관계, 원하는 미래에 대한 선택을 결정한다. 만약 가치와 잘 정렬된 삶을 산다면 사람들은 대체로 행복하다.

가치 중에서는 다른 것들보다 더 무게감을 갖는 가치들도 있고, 시간이 지남에 따라 우선순위가 바뀔 수 있다. 나이와 경험은 무엇이 가장 소중한지에 대한 관점을 바꾸기도 한다. 나는 점점 나이를 먹을수록, 건강을 챙기는 일에 더 많은 가치를 느끼게 되었다.

나는 자녀가 없고 부모님이 돌아가셨기 때문에 가족에 대한 나의 가치는 다소 약해졌지만 친구들과의 가치는 높아졌다. 또한 최근 배움에 대한 나의 열정은 20~30대의 승부욕보다 더 대단하다. 코칭 대화에서 고객의 가치를 밝혀내고 그에 대해 이야기하는 것은, 고객이 점점 더 중시하고 있는 가치는 무엇이고 조금씩 후퇴하고 있는 가치는 무엇인지를 깨닫게 도와줄 수 있다.

코칭 세션에서 원하는 결과는, 고객의 가치와 연관된 무언가를 반영하고 있어야 한다. 예를 들어 더 많은 사랑과 평화, 모험, 자유, 성취, 균형, 성공과 같은 것들 말이다. 고객이 코칭의 결과로 원하는 것이 무엇인지 분명하게 말할 때, 코치는 특별히 지금 이것이 중요한 이유가 무엇인지 탐색할 것이다. 충만감과 행복을 느끼기 위해 고객이 원하는 것은 현재와 확실한 미래에 가치와 일치하는 삶을 사는 것일 것이다.

삶과 연관된 일반적인 가치들의 목록은 다음과 같다.[7]

- ▸ 가족: 가족들을 돌보고 함께 시간을 보내는 것

- ▸ 개인적 성장: 지속적인 학습 및 개인 개발

- ▸ 건강: 신체적 웰빙을 향상시키고 유지하는 것

- ▸ 공동체: 친숙하고 친근하고 도움을 주고받는 이웃이나 동료들

- ▸ 공정: 모든 사람들의 권리를 존중하는 것

- ▸ 내적 조화: 내적 갈등으로부터의 자유, 통합되거나 하나가 되는 느낌

- ▸ 도움: 다른 사람들을 돌보고 다른 사람들이 번창하도록 지원하는 것

- ▸ 도전: 신체적, 정신적 한계를 시험하기

- ▸ 독립: 자립, 자기자율성

- ▸ 모험: 도전, 리스크 감수, 한계를 테스트하기

- ▸ 미학: 아름다운 환경에 대한 열망, 예술적 표현

- ▸ 번영: 번창하고, 부유하고, 쉽게 원하는 것을 얻는 것

- ▸ 성취: 가시적인 프로젝트와 업무를 성공적으로 완료

---

7 —— Marcia Reynolds, Outsmart Your Brain: How to Master Your Mind When Emotions Take the Wheel, 2nd ed. (Phoenix: Covisioning, 2017), 80-81.

- 안전: 걱정 없는, 위협으로부터의 안전
- 안정성: 확실성, 예측 가능성
- 역량: 능력 있고 효과적으로 일을 잘 하는 것
- 영성: 신성함과 보이지 않는 힘에 대한 믿음
- 우승: 경쟁에서 성공, 최고의 자리에 오르는 것
- 우정: 긴밀한 협력 관계, 지속적이고 지원적인 관계
- 유머: 재미, 가벼운 마음, 자발성
- 인내: 끝까지 밀고 나가며 과제와 목표를 완수하는 것
- 자유: 스스로 선택할 수 있고 결정할 수 있는 능력
- 전통: 과거의 방식을 존중하는 것
- 정: 성실하고 진실하며 약속을 잘 지키는 것
- 종교: 신앙과의 깊은 연결
- 즐거움: 개인적인 만족, 즐거움, 큰 기쁨
- 지성: 지식의 영역에 대해 배우고 토론하는 것
- 지위: 자신의 사회 집단에서 높은 평가를 받는 것
- 진실성: 신념에 따라 행동하고, 말과 행동이 일치하는 것
- 창의성: 어떤 것을 하기 위한 새로운 방법을 찾고 구성하고 발견하는 것
- 출세: 더 높은 단계로 열망하며 올라가는 것
- 친밀감: 다른 사람들과의 깊은 관계
- 팀워크: 공동의 목표를 향해 다른 사람들과 협력하는 것

▶ 평화: 사람들과 그룹들 사이의 조화

▶ 환경: 지구를 아끼고 안전하고 편안한 공간에서 사는 것

▶ 힘: 일을 지시하거나 성사시킬 수 있는 권한이나 능력을 갖는 것

반면, 가치는 사람들을 경직시키는 단점을 가지고 있다. 다른 사람들이 자신과 비슷한 가치관을 가져야 한다고 생각한다면, 직장에서든 집에서든 다른 가치관을 가진 사람들과 관계를 맺거나 협업하는데 어려움이 있을 수 있다.

나는 종종 코칭에서 고객들이 다른 사람들이나 조직의 가치를 받아들이지 못하는 것을 발견하는데, 그들은 그들이 믿는 것이 옳다고 꽉 붙들고는 다른 방식으로 보는 것을 거부한다. 그들은 다른 사람들이 잘못된 가치를 가지고 있다고 믿기에 타협하지 않을 것이고, 오직 다른 사람들을 설득하길 원한다. 코치로서 내가 할 수 있는 일은 고객의 입장을 반영하는 것뿐이다. 고객은 이런 교착상태에서 무엇을 할지 결정해야만 한다.

고객들의 행동에 대해 알아차린 것을 공유하고 고객의 일과 관계, 건강, 열망 등에 미치는 영향을 탐험하라. 고객은 변화하거나 지금 혹은 지금이 아니더라도 무엇인가 할 것을 선택할지도 모른다.

세계적인 명상 지도자 알마스A. H. Almaas는 그의 저서『늘 펼쳐지는 지금』에서 "우리의 경험에서 어떤 일들이 일어나는지 조율할수록,

스스로를 자세하게 이해하는 능력은 계속해서 발전한다"[8]라고 말했다. 고객이 자기 자신에 대해 배우고, 믿음과 감정적인 표현, 충족하지 못한 욕구와 가치들의 충돌에 대해 탐색했을 때 그들의 프레임은 넓어진다. 이런 과정은 한 사람의 삶에서 중요한 사건들의 의미가 드러날 때 일어나고, 여러 번도 일어날 수 있다.

고객의 스토리와 함께 담겨 있는 것이 무엇인지 코칭함으로써

뇌를 해킹할 수 있는 세 가지 팁

고객은 코칭에 필요한 모든 것을 코치에게 주려고 할 것이다. 다만, 고객은 머릿속에서 생각이 빙빙 돌고 있을 수도 있다. 코치가 성찰적 탐구로 고객의 생각에 관여할 때, 고객은 멈추고 한걸음 물러나서 믿음, 두려움, 가치와 열망의 부조화, 그들의 딜레마와 연관된 욕구들 같은 생각들을 탐색하게 된다. 이러한 뇌 해킹은 고객으로 하여금 새로운 방식으로 자신의 스토리를 보게 해, 앞으로 나아가게 하는 새로운 관점을 제공한다. 이때 코칭에서 도움이 될 만한 몇 개의 팁이 있다.

1. **고객의 스토리를 구성하는 신념들을 판단하는 것에 유의해라.** 딜

---

8 —— 알마스, 『늘 펼쳐지는 지금』 박인수 옮김. 김영사, 2015.

레마에 대한 고객의 해석을 열린 마음으로 받아들이자. 적어도 같은 말을 되풀이하기 전까지 고객이 전체 스토리를 이야기하도록 해라. '정말로' '하지만' '해야만 해요' 등과 같이 키워드와 강조하는 단어들을 경청해라. 고객이 자신의 스토리를 가장 중요한 핵심요소로 정리할 수 있도록 돕기 위해 당신이 듣고 알아차린 것들을 적극적으로 말해 줘라.

"제가 들은 것은, 당신은 이런 일이 발생한 이유를 ~~라고 생각한다는 것이에요." "당신이 그 일을 묘사할 때, 당신은 정말 화를 내더군요 (흥분하더군요, 조용하시네요. 방어적이군요 등등)"과 같은 표현으로 문장을 시작해라. 당신의 톤이 격려와 호기심을 불러일으키도록 해라. 의견, 판단, 분석을 대화에서 말하지 마라. 판단하지 않는 것은 고객이 더 깊이 들어가 당신과 함께 탐험하도록 하는데 필수적인 믿음을 만들어 준다.

2. 고객의 감정적인 반응과 변화를 주목해라. 고객은 기대했던 것을 설명할 때 화를 내거나 슬퍼할 것이다. "나랑 약속했어요" "이런 상황에서는 더 이상 일할 수 없어요." "이런 일이 또 일어났어요" "그게 다예요. 제가 그랬어요"와 같은 말을 잘 들어라. 일어나길 기대했지만 그렇지 않았던 것에 대해 논의하도록 북돋아라.

그 상황을 불편하거나 끔찍하게 만드는 것은 무엇인가? 충족되지 않은 욕구가 무엇인지 확인하게 되면 고객은 욕구를 충족하기 위한 시도를 할지 혹은 그냥 내버려 둘지를 선택할 수 있다. 필요하다면, 더 좋은 미래를 위해 현재의 욕구를 충족하지 않은 채 사는 것으로 결정할지도 모른다.

3. **고객의 노력과 의도들을 긍정적으로 인정해 줘라.** 특히 고객 삶의 가치들과 연관돼 있는 것이라면 더더욱 그래야 한다. "당신이 될 수 있는 최고의 리더가 되기 위해 노력하고 있다는 것을 알고 있어요" "당신은 아이들에게 기회를 주기 위해 열심히 일했어요" "이 프로젝트에서 최고의 결과를 얻기 위해 헌신하고 있다고 저는 말할 수 있어요" 등 코치가 진심을 보여주는 것은 솔직한 대화를 촉진한다.

이를 통해 고객의 가치와 일치시키기 위해 해결해야 할 사항과 견디기 어려운 결과를 살펴볼 수 있도록 해준다. 만약 고객이 할 수 있는 모든 대안들을 시도해 봤다고 말한다면, 당신은 대답할 수 있다. "만약 당신이 아는 한 최선을 다했다면 지금 당신이 할 수 있는 것은 무엇인가요?" 고객이 자신 있게 가지고 있는 것 중에 선택한다면 더 이상 갇혀있어 움직이지 못한다고 느끼지 않을 것이다.

6장

골텐딩: 코스를 이탈하지 말고 지키기

한 사람의 목적지는 결코 도착 지점이 아니라,
사물을 바라보는 시각이 새로워지는 것이다.
...

(헨리 밀러 Henry Miller)

코칭을 할 때 무엇을 탐구하든, 코칭 세션 동안 대화가 어떤 방향으로 진행되고 있는지 코치는 명확하게 알아야 한다. 대화를 통해 얻고자 하는 결과가 명확하지 않다면, 고객은 문제를 대화 속에서 깨닫는 것들이 있어도, 진짜 원하는 것을 이루는데 자신의 통찰을 적용하지 못할 수 있다.

　이러한 대화는 보통 코치가 고객의 신념, 욕구, 가치관 및 스스로에 대한 의구심 등을 탐구하는 과정에서, 고객들이 세션 시작할 때 말한 달성하고자 하는 결과가 확장, 변화되거나 완전히 바뀔 수 있기 때문에 제대로 유지하기 쉽지 않다. 그래서 세션이 끝날 때까지 새로운 목적지를 향해 확실히 나아갈 수 있도록 목적지를 합의해야 한다. 고객이 진정으로 원하는 것을 얻기 위해 다음에 무엇을 할 것인지 결심하는 그 순간, 고객들은 이미 이룬 것 같은 성취감을 느낄 수 있다.

코칭의 북엔드

책을 일렬로 세울 때, 수직으로 유지하기 위해서는 양 끝단에 책을 받쳐줄 강력한 물건이 필요하다. 이러한 물건은 줄의 시작과 끝을 표시하는 '북엔드Bookend'라고도 하는데, 북엔드 사이에서는 자유롭게 책을 교체, 추가 또는 빼낼 수 있다. 받쳐줄 수만 있다면 북엔드를 어떤 물건으로 교체해도 상관없지만, 양쪽 북엔드를 모두 제거하면 책들이 전부 쓰러지게 된다.

> 코칭의 북엔드를 확립하는 것, 즉 원하는 결과와 다음 단계를 위한 약속은
> 고객들이 자신의 프레임을 꿰뚫어보고 새로운 것을 실행할 수 있게 하는데
> 매우 중요하다.

원하는 결과가 명확하게 없다면, 고객의 스토리는 불필요하게 길어지고 때로는 빙빙 돌아가기도 한다. 말하는 동안 고객은 자신의 스토리에 새로운 의미를 부여할 수도 있고, 심지어 스토리 속 자신에 대해 과대평가를 할 수도 있다.

문제를 털어놓았을 때 느끼는 안도감과 자신감도 잠깐 뿐이다. 바

쁘고 복잡한 일상으로 돌아가게 되면, 고객은 다시 코칭 세션을 시작할 때 갖고 있었던 무력감, 분노, 또는 압박감에 금방 휩싸일 수 있다. 고객의 스토리는 계속해서 좌절스러운 딜레마가 될 것이다.

> 원하는 결과를 명확히 하는 것은 코치가 고객의 스토리를 주제에서 벗어나지 않도록 가드레일을 치는 것과 같다.

고객에게 강력한 북엔드를 만들어 주기 위해 코치가 해야 할 세 가지 중요한 방법은 다음과 같다.

1. 현재 상황이 아닌 고객이 원하는 것을 파악하는 것("원하는 것은 무엇인가요?")

2. 합의된 결과에 대해 고객의 진행 상황을 추적하고, 결과가 변경되었는지 확인하거나 다시 말할 수 있도록 하는 것("정말로 원하는 것은 무엇인가요?")

3. 고객이 자신의 통찰을 명확하게 하고 원하는 결과에 대한 확실한 진행을 위해 실행을 약속하는 것("지금 바로 무엇을 할 건가요?")(그림 ⑤)

이번 장에서는 코칭 대화에서 고객이 나아갈 최선의 결과를 명확히 파악하는 것에 중점을 두었다. 명확한 결과가 정해지면 코칭은 잠재력이 가득한 고객이 원하는 결과를 달성하는 데 방해가 되는 것이 무엇인지 초점을 맞출 수 있다. 그리고 나서 변화 속에서도 원하는 결

그림 ⑤ 코칭 경로

과에 집중할 수 있도록 코칭 세션을 어떻게 추적할 수 있는지 배우게 될 것이다. 7장에서는 성장을 위한 실행 약속을 확고히 하도록 세션을 마무리하는 방법을 배우게 된다.

고객의 원하는 결과 파악하기

코칭 세션은 프리스타일 랩 창작 과정과 비교할 수 있다. 청각장애 및 기타 의사소통 장애 국립 연구소Neuroscientists at the National Institute on Deafness and Other Communication Disorder, NIDCD의 신경과학자들은 기능적 자기공명영상functional magnetic resonance imaging, fMRI기계로 12명의 프로 래퍼의 뇌를 스캔했다. 과학자들은 랩의 시작과 끝에서는 뇌의 실행 기능이 활성화되었지만, 프리스타일 랩에서는 자기 검열, 비판

2부. 다섯 가지 핵심 실천 방법

및 편집을 담당하는 뇌 부분이 비활성화됨을 발견했다. 이에 따라 연구자들은 "래퍼들이 감시와 행동을 억제하는 관습적 제약으로부터 자유로워졌다. 그래서 갑작스러운 통찰이 쉽게 나타날 수 있었다"라고 설명했다.[1]

즉, 래퍼들은 랩을 시작할 때 인지적 뇌의 실행 기능을 이용해 곡의 의도와 구성을 미리 떠올렸다는 의미이다. 그리고 어디로 가고 있는지 얼추 감을 잡으면, 래퍼들의 뇌에서는 자기비판과 분석을 담당하는 부분이 꺼져 버린다. 이렇게 하면 새로운 아이디어, 즉 창의성을 발휘하는 부분에서 더 많은 활동이 일어난다. 그리고 곡이 끝나갈 때쯤, 다시 인지적 뇌를 활성화해 곡을 마무리하게 된다.

랩과 마찬가지로 대부분의 코칭은 특정 결과를 달성하는 데 방해가 되는 신념, 욕구, 가치 및 두려움을 밝혀내기 위해 고객과의 자발적인 상호작용으로 이루어져야 한다.

코치와 고객이 코칭 세션으로 얻고자 하는 목적을 명확히 알고 있으면, 코치는 고객이 왜 계속 막혀있는지를 확인하기 위해 많은 생각을 하지 않아도 진행하는 코칭에 보다 집중할 수 있다. 이 상호작용은 세션을 마무리하기 전까지 자연스럽게 이뤄진다.

1 —— Siyuan Liu et al., "Neural Correlates of Lyrical Improvisation: An fMRI Study of Freestyle Rap," Scientific Reports 2, no. 834 (2012).

고객이 진심으로 원하는 것을 떠올리는 것이 쉬울 것 같지만, 실제로는 그렇지 않다. 스토리는 감정적인 혼란을 일으켜, 고객의 시야를 흐리게 만든다. 고객은 "내가 원하는 것이 무엇인지 모르겠어요" 또는 "내가 원하는 것이 무엇인지 알기 위해 필요한 것이 바로 그거예요"라고 말한다. 고객에게 미래를 내다보도록 강요하지 말라. 편안한 분위기에서 고객의 스토리를 잘 들어라. 반영하고 호기심을 가지면 감정적인 혼란을 걷어낼 수 있다. 한 세션에서 원하는 결과가 명확하지 않을 수도 있지만, 고객은 자신의 선택에 만족하기 위해 자신이 무엇을 더 알아야 하는지 더 잘 이해하기 시작한다.

결과는 문제도 과정도 아니다

"오늘 무엇에 대해 이야기하고 싶으신가요?"라는 질문으로 세션을 시작하는 것은 괜찮다. 그러나 그것만으로 넘어가서는 안 된다. 감정적으로 힘든 스토리를 갖고 있는 고객인 경우, 대체로 고객은 마음속에 맴도는 말을 먼저 꺼낸다. 스토리 속의 문제를 고치는 건 이 세션에서 고객이 원하는 결과가 아니다.

함께 하는 동안 고객이 말하는 중요한 단어나 감정의 변화를 듣고, 무엇을 달성할 수 있는지, 무엇이 더 나은 결과인지 명확하게 하는 것이 좋다. 발견한 것을 공유하고, 이 스토리를 어떻게 끝내고 싶은지 질문하라. 고객이나 대화에 등장하는 다른 사람들이 반복적인 행동 패턴을 보인다면, 다음에 이런 상황이 또 생기면 어떻게 달리하고 싶은지 질문하라.

이런 결과를 얻기 까지는 더러 시간이 걸리기도 한다. 하지만 다른 사람이 원하는 것이 아닌, 고객 스스로 원하는 결과를 상상하고, 자신만의 결과를 선택해야 적어도 한 단계 앞으로 나아갈 의지가 강해진다.

케이스 스터디

한 고객은 대형 소매 체인 회사의 인사 총괄 부사장으로, 업무적으로 모든 게 감당이 안 되고, 어디서부터 시작해야 할지 모르겠다고 토로하면서, 나에게 일의 우선순위를 정하는 걸 도와 달라고 했다.

코치   지난 3년간 일에서 뛰어난 성과를 냈습니다. 그 이전에는 스탠퍼드 대학교 출신 성공한 변호사였고요. 이러한 업적을 바탕으로 보면, 이미 우선순위를 정하는 방법을 알고 계실 것 같아요. 그래서 제가 궁금한 것은, 우선순위를 정하는 방법을 찾고 싶으신가요 아니면 우선순위를 정하는 게 왜 이렇게 어려운지 알고 싶으신 건가요?

긴 침묵이 흘렀다.

고객   점점 동기부여가 사라지고 있는 것이 두려워요. 매일같이 직장에서 왜 이렇게 싸우고 있는지도 모르겠고, 이제 여기서 뭘 더 해야 할지 모르겠어요.

코치   저는 두 가지 욕구가 들리네요. 현재 직장의 가치나 목적을 명확히 하고 싶으신가요, 아니면 앞으로의 가능성을 탐색하고 싶으신 건가요?

고객   와! 방금 3년 전에 제가 이 일을 시작할 때 목적과 비전이 있었다는 게 떠올랐어요. 사실 저와 남편은 둘이서 사업을 하는 게 꿈이었거든요. 그런데 지금은 둘 다 너무 바쁘게 살다 보니 남편이 아직 그걸 원하고 있는지 모르겠습니다. 그러고 보니 오늘과 같이 엉망인 상태로는 미래를 상상하기 어려워서 그런 것 같기도 하네요. 남편과 대화를 나누어 봐야겠습니다.

고객은 남편과 대화할 시간을 갖고, 사흘 안에 코칭 세션을 다시 잡기로 하고 다시 만났다.

고객   우리는 아직 그 꿈을 꾸고 있었어요. 코치님 말이 맞습니다. 저는 우선순위에 대한 도움이 필요한 게 아니었어요. 꿈을 성공적으로 이루기 위해 필요한 지식과 경험을 확실히 하려면, 몇 년 더 이 회사에 있어야 할 것 같아요. 그러려면 CEO와의 관계를 어떻게 다시 시작할지에 대해 코칭이 필요해요.

우리는 바람직하면서도 가능한 관계가 어떤 것일지 상상하면서 시작했다.

일반적으로 고객들은 진정으로 원하는 것을 말하자마자 스스로의 딜레마에서 벗어날 최선의 해결책을 바로 깨닫는다. 코치가 고객의 스토리를 얼마나 살펴보는지에 따라, 고객이 진정으로 원하는 결과를 명확하게 표현하는데 몇 분에서 삼십 분정도의 시간이 걸리기도 한다. 그렇게 당장 무엇을 할지 결정하더라도, 첫 걸음을 내딛기 위해서는 용기를 내야 하고, 추가적인 지원을 받아야 할 수도 있다. 결과를 명확히 하면, 고객은 새로운 방법을 발견하거나 이미 해야만 한다고 알고 있었던 것에 직면할 수도 있다. 고객이 스트레스에 시달리고 있는 경우, 특히 이것을 스스로 보기는 어렵다.

대부분의 코칭 세션은 해결해야 할 문제를 확인하면서 시작한다. 문제 해결을 위해 선택지들을 정리하고 결정을 내리거나 목록을 완성하거나, 다음 단계의 계획을 세우면 딜레마를 해결할 수 있다고 생각하는 고객들이 종종 있다. 그러나 이러한 행동이 결과를 구체화하는 것은 아니다.

코치는 문제를 해결하거나 결정을 내리거나 목록을 완성하고, 계획을 수립하는 것이 고객에게 무엇을 주게 될지 경정하기를 원한다. 고객이 요청하는 과정이 앞으로 어떤 단계를 밟아야 하는지 파악하는데 도움이 될 것이라고 하면, 고객이 가지고 있는 대안이나 목록, 계획을 정리하는 것으로 시작할 수 있다.

그러면 세션 중에 고객이 어떤 방향을 향해 나아가길 원하는지 이해할 수도 있다. 문제를 해결하거나, 결정을 내리거나, 계획을 세우도록 몰아치는 것이 무엇인지 탐색하다 보면, 고객의 욕구, 어쩌면 두려움도 발견하게 될 것이다.

고객에게 만약 용기가 있다면 무엇을 할 것인지, 일 년 후에 후회하지 않으려면 무엇을 할 것인지 물어보면, 고객은 진정으로 원하는 결과의 구체적인 부분까지 파악할 수 있을 것이다.

고객은 결정을 내리는 것을 목표로 대화를 시작하기도 하지만, 진짜 문제는 이미 결정은 내렸지만 그 결정으로 나아가기가 두려워하는 것에 있다. 이는 직장을 그만두고 싶거나, 프로젝트를 거절하거나, 관계에 해를 입힐 수 있는 행동을 하고자 할 때 흔히 나타나는 상황이다.

이런 두려움은 죄책감으로 악화되기도 한다. 고객이 자신의 선택을 설명할 때, 두려운 감정에도 불구하고 본인이 선호하는 것을 드러낼 가능성이 높다. 그 선호를 인정해 주는 것은 고객이 두려움과 죄책감을 느끼게 한 원인을 파악하는 데 도움이 되며, 예상하는 그 결과가 실제로 발생할 것인지, 가정한 것인지, 과장된 것인지를 파악할 수 있게 된다.

고객이 원하는 결과는 단순히 결정을 내리는 것이 아니라, 자신이 원하는 삶을 사는 것이다. 코칭은 고객이 결정한 결과가 실제로 일어날 것을 고려해 언제, 어떻게 행동할지 결정하도록 도와준다.

또 다른 예시로 고객이 더 균형 잡힌 삶을 원하는 것은, 고객이 사실 성취감을 못 느끼거나 인정받지 못하고 있거나 가정이나 직장에서 성과에 대한 압박을 받고 있기 때문이다. 균형이라는 초기 목표를 고객이 원하는 결과로서 받아들이면, 시간 관리 또는 업무 관리에 중점을 두게 된다. 반대로, 고객의 에너지를 고갈시키고 있는 것에 대해 깊이 파고들면 대화의 흐름이 더욱 의미 있어질 뿐만 아니라 미래에 대한 희망이 있다는 사실이 현재의 상황을 더욱 가볍게 한다.

사람들은 자신이 원하는 것이 무엇인지 모르거나, 말로 뱉는 것을 두려워하기도 한다. 코치는 고객이 원하는 것을 말할 수 있도록 돕는 것이다. 진짜 원하는 욕구가 명확해지면, 고객은 더 쉽게 다음에 할 행동을 선언하고, 약속할 수 있다.

케이스 스터디

프로젝트 팀의 리더 중 두 사람과 협력해 모두가 동의할 수 있는 확실한 실행 계획을 만드는 것을 목표로 삼은 고객이 있었다. 계획에 넣고 싶은 활동을 정리하고 난 후, 나는 고객에게 물었다.

코치　　　당신은 이 두 리더들에게 제시할 확실한 대안을 가지고 있는 듯 보입니다. 당신의 제안에 그들이 무엇을 해주기를 원하세요?

고객　　　그냥 두 사람이 합의점을 찾았으면 좋겠어요. 우리가 해야 할 일에 대해 서로 정반대의 입장을 취하고 있지만, 둘 다 꿈쩍도 안 하고 있거든요. 점점 시간은 얼마 안 남았고 일자리도 위태로워지고 있는데, 어떻게 하면 그들이 상황을 인식하고 움직일 수 있을까요?

고객의 불안한 마음이 느껴졌다.

코치   프로젝트 결과에 대해 얼마나 책임이 있는 것인가요?

고객   제 일도 위태로울 수 있는데, 그들이 제 부하직원이 아니라 억지로 뭔가를 시킬 수가 없습니다. 만약 그 리더들이 제 말을 무시한다면 어떡하죠?

코치   계획을 세우는 것의 시급성을 봤을 때, 당신이 그들의 갈등에 대해 얼마나 좌절하고 있는지 알 것 같습니다. 제안하는 것과 상관없이 아무 일도 일어나지 않을까봐 두려우신가요?

고객   네, 하지만 저는 그들의 상사가 아니기 때문에 제가 딱 잘라서 선을 그을 수는 없잖아요, 그렇지 않나요?

고객   글쎄요, 정말 그런가요? 정말 당신이 딱 잘라서 선을 그어버리면 일어날 수 있는 최악의 상황은 무엇일까요?

고객   그들이 저를 무시하는 거죠. 현재 상황에서 아무것도 바뀌지 않을 테니까요.

코치   만약 당신이 아무런 행동을 취하지 않으면요?

고객   지금 당장 무언가를 해야만 해요. 그렇지 않으면 우리 모두의 일자리가 위태로워져요.

코치   그렇다면, 당신의 목표는 지금 당면한 문제에 대해 당장 대응하는 것이고, 이를 위해서는 리더들에게 해야 할 일과 이유에 대해 분명히 제시해야 한다는 것이 맞나요?

고객　　　네, 그냥 말하면 되겠네요. 지금 무엇이 필요하고 왜 그렇게 해야 하는지 내 말을 알아들을 수 있게 큰 소리로 단호하게 말하겠어요.

코칭을 시작했을 때보다 고객의 결의는 훨씬 강해졌다. 대화는 단호하고 자신감 있게 핵심을 분명하게 밝히고, 리더들이 적어도 협상을 해보겠다는 약속을 하도록 이끌겠다는 명확해진 새로운 결과를 달성하는 방향으로 진행됐다. 그런 다음 고객은 자신의 제안을 제시할 수 있었다.

고객의 스토리와 문제를 정의하는 방식을 들어본 후, 다음을 주목하라.

▶　　고객은 말하기를 불편해하면서도 어떤 일이 일어나기를 원하는가? 고객이 인식한 것을 요약, 환언하거나 캡슐화한다. 그리고 지금은 얻고 있지 못하지만, 어떤 일이 일어나기를 원하는지 물어봐라. 고객이 문제에 대해 계속 자세하게 설명하려고 하면, 말하는 스토리를 근거로 달성하고자 하는 결과의 핵심을 전달하고, 확인하라. 그리고 그 반응을 받아들여라.

▶　　고객이 느끼는 가장 중요한 감정은 무엇인가? 만족하지 못한 욕구를 나타내는 감정의 변화를 경청하라. 고객은 "내가 정말 원하는 것은…" 또는 "왜 그 사람들은 그냥 이렇게 할 수 없는 걸까요…"라고 말할 수도 있다.

▶ 고객의 좌절감, 죄책감, 두려움, 수치심 등의 원인은 무엇일까? 고객이 '하지만'이라는 단어를 사용하면, '하지만' 뒤에 나오는 결과의 현실성을 살펴보라. '하지만' 다음에 나오는 말은 일반적으로 두려움이나 참아야 하는 제한된 인식을 나타낸다. 이를 탐구하게 되면 불편을 감수하더라도 성취감을 주는 결과가 무엇인지 파악할 수 있게 된다.

코치는 들은 것과 느낀 감정을 공유함으로써, 고객이 가진 것이 아닌 원하는 것을 왜 말하기 어려워하는지 더 잘 탐구할 수 있다. 그런 다음 스토리를 어떻게 마무리하고 싶은지를 알아차리도록 코칭할 수 있다.

주제 vs. 결과

고객은 자신이 어떻게 리더로서의 존재감을 향상시킬지, 변화로 인한 불안에 어떻게 대응할지, 동료들과 어떻게 관계를 구축해야 할지 등과 같은 주제를 가지고 올 수 있다. 코칭이 꼭 문제 해결에 관한 것일 필요는 없다. 개인적이거나 전문적인 성장에 초점을 맞출 수도 있다.

코치는 "이 주제를 탐구하면 무엇이 더 쉬워질까요?" "이 주제를 이야기하게 된 계기는 무엇인가요?" "이것이 개선되었다는 것은 어떻게 알 수 있을까요?"와 같은 질문으로 최소한 대화의 예비 단계 결과를 향해 코칭할 수 있다. 고객들이 개선하고자 하는 시나리오를 하나 기술하게 하거나 성공의 척도를 정의하도록 하면 고객이 발전하는 방향으로 안내할 수 있다.

만약 고객이 결과를 정하기 꺼려 한다면, 코치는 현재 주제에 대해 어떻게 느끼고 있는지 물어볼 수 있다. 그리고 그 대답을 통해 가고자 하는 방향 같은 것을 이끌어낼 수 있다. 예를 들어 고객은 더 성취감을 주는 직업을 갖거나, 자신을 더 잘 돌보거나, 더욱 자신감을 가지고 행동하기를 원할 수 있다. 그러면 더 나은 또는 더 많은 것이 어떻게 보일지 설명하게 해 목적지를 조금씩 구체화할 수 있다.

케이스 스터디

내가 관찰한 코칭 세션에서, 고객은 사람들이 자신이 열정적인 일을 선택하는 것인지를 어떻게 알 수 있는지에 대해 말하고 싶다고 말했다. 코치는 그녀에게 열정에 대해 말하고 싶은 이유가 무엇인지 물었다. 고객은 자신이 꿈을 이루기 위해 노력하다가도, 실패할 것 같으면 길을 바꾸는 경향이 있다고 했다.

한 가지 예로 그녀는 춤을 공부했지만, 무대에서 성공할 자신감이 없어지자 무대 제작으로 전향한 경험을 밝혔고, 언론을 공부했지만 자신의 필력에 대한 의문으로 웹사이트 디자인으로 전향한 경험도 얘기했다. 이제는 남편이 집 리모델링 사업을 하고 있기 때문에 함께 인테리어 디자인을 배

우는 것에 관심이 있다고 했다. 코치는 그녀가 인테리어 디자인에 열정적 인지 물었다.

고객   배우는 것은 즐겁지만 디자이너로서 열정적인 것인지 확실하지 않아요. 하지만 내가 뭔가에 열정을 가지고 있는지 아닌지 계속 추구해 보지 않으면 어떻게 알겠어요?

코치   선택한 일에 열정적인 것을 어떻게 알 수 있는지에 초점을 맞출까요, 아니면 목표를 계속 추구할 때 자신감을 강화하는 방법을 살펴볼까요?

고객   두려움이 나타날 때 자신감 있고 끈질기게 추구하는 방법을 살펴보는 것으로 하겠어요.

코치   하나의 경력을 추구하면 무엇을 얻을 수 있을까요?

고객은 성공했을 때의 감정과 그것이 자신에게 왜 중요한지를 묘사했다. 코칭은 이 목적지를 생각하며 진행되었다.

가끔은 고객에게 해당 주제와 관련한 최상의 시나리오를 시각화 하도록 질문할 수 있다. "강력한 리더십은 어떤 모습인가요?" 또는 "다른 사람들이 변화를 받아들일 때, 당신과는 어떤 차이가 있나요?" "일할 때 좋은 관계가 있다면 어떤 모습일까요?"와 같은 질문을 할 수 있다. 결과는 고객이 앞으로 나아가기 위해 해야 할 일에 대해 코칭을 하면서 발전될 것이지만, 목적지가 보이는 상태에서 시작하는 것이 좋다.

결과를 분명하게 표현하는 것은 불확실성과 진전 사이의 연결고리이다.

달성 가능한 목적지를 설정해두지 않으면, 고객들은 혼란을 벗어나지 못하며 의욕을 상실하고, 코치는 고객에게 실망을 안겨준 것처럼 느끼게 된다. 결과를 명확히 하는 것은 코칭의 가장 중요한 행동 중 하나이다.

진행 상황 추적과 결과 변경

사람이 실제로 해결하거나 이루고자 하는 것을 발견하기 위해 살펴보는 과정은 종종 양파 껍질을 벗기는 것으로 표현된다. 켜켜이 쌓여 있는 여러 층의 오래된 신념들을 벗기고, 취약한 부분을 보호하고 있는 방어기제를 조금씩 깎아내면 다르게 보거나 새로운 결과가 드러나게 된다. 그러면 결과의 시각이 바뀌거나 새로운 세부 사항에 초점을 맞추면서 결과는 확장된다.

목표가 얼마나 변했는지와는 상관없이, 코치는 고객이 그 변화와 변경사항을 인지하고 대화의 방향을 변경하는 것에 동의하는지 확인해야 한다. 고객이 원래 원했던 결과로 돌아간다고 할 수도 있다. 코치의 역할은 대화가 산만하게 옆길로 새지 않고, 고객이 원하는 목적지로 진행되도록 방향을 잡는 것이다. 원하는 결과에 대한 변화는 다음 중 하나의 측면에서 나타날 수 있다.

> ▶ 결과의 방향성—외부 문제 해결에서 해결해야 할 개인적인 딜레마를 명확히 하는 것으로 전환하기
>
> ▶ 결과에 대한 자신과의 관계—결과는 동일하게 유지하되, 결과를 달성한 성공한 모습이 어떤 모습인가를 정의할 때 자신을 다르게 상상해보기
>
> ▶ 결과 달성 속도 조절—즉각적인 변화를 선택하기 또는 장기적인 계획으로 목적지를 미래로 이동하기

고객은 결과를 완전히 바꾸는 선택을 할 수도 있다. 가끔 고객들은 집이나 직장에서 원하지 않는 상황을 바꾸는 방법을 찾겠다고 말한 후, 자신의 좌절을 살펴보다가, 실제로 다른 일을 하고 싶어 한다는 것을 우물쭈물하며 말할 때가 있다.

이때 고객은 상황을 개선할 수 있는 의욕을 잃은 것이다. 이미 바꾸겠다고 결정은 내렸지만, 아직 프로세스를 시작하기 위한 단계를 취하지 못한 것이다. 코치는 고객의 말과 감정을 반영한 후 고객에게 지

금 집중할 결과를 선택하도록 돕는다. 고객은 다른 시각으로 살펴볼 수도 있고, 일단은 처음에 정했던 결과를 유지할 수도 있다.

수평적 코칭 vs. 수직적코칭: 결과를 정의하기 위한 코칭

수평적 코칭Horizontal coaching은 고객이 초기에 언급한 결과를 세션의 목적지로 사용할 때 발생한다. 코치는 고객이 상황을 설명하면서 사용한 단어의 의미를 살펴보거나, 결과의 중요성에 대해 물어볼 수 있다. 이후 고객의 대답에 따라 몇 가지 후속 질문을 할 수 있다(그림 ⑥).

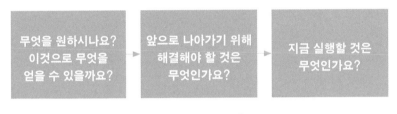

그림 ⑥ 수평적 코칭

수평적 코칭의 목적은 앞으로 어떻게 나아갈지에 대한 계획을 공식화하는 것이다. 이 계획은 대개 일반적이다. 고객은 시간을 내서 자신이 진짜 원하는 것을 생각할 수 있다면, 코치 없이도 계획을 만들 수 있을 것이다. 고객은 아이디어를 정리하는 데 코칭을 활용하지만, 나중에 다시 똑같은 이유로 혼자서 계획을 세우는데 어려움을 겪을 수

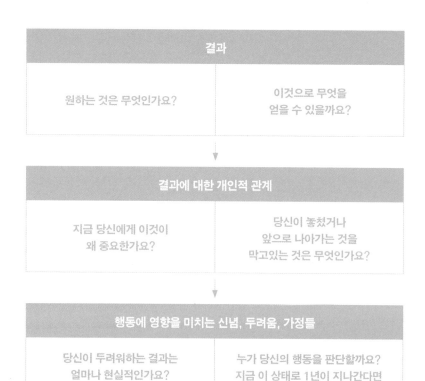

결과	
원하는 것은 무엇인가요?	이것으로 무엇을 얻을 수 있을까요?

결과에 대한 개인적 관계	
지금 당신에게 이것이 왜 중요한가요?	당신이 놓쳤거나 앞으로 나아가는 것을 막고있는 것은 무엇인가요?

행동에 영향을 미치는 신념, 두려움, 가정들	
당신이 두려워하는 결과는 얼마나 현실적인가요? 위험을 감수할 가치가 있습니까?	누가 당신의 행동을 판단할까요? 지금 이 상태로 1년이 지나간다면 후회할 것은 무엇인가요?

그림 ⑦ 수직적 코칭

도 있다.

수직적 코칭Vertical coaching은 인식을 확장한다. 코칭이 진행되면서, 더 많은 개인적인 목표나 용기 있는 실행약속을 이루고자 하는 욕구가 드러나면서 결과가 진화하는 모습이 보이기도 한다. 변화는 단지 문제를 해결하는 새로운 방법을 찾는 것이 아니라, 정체성의 영역에서

2부. 다섯 가지 핵심 실천 방법

일어난다. 다시 말해, 문제를 해결하는 것이 아니라 사람을 코칭하는 것이다.

수직적 코칭도 고객이 코칭 세션에서 무엇을 원하는지, 왜 그것을 중요하게 여기는지에 대해 얘기하면서 시작하지만, 고객이 원하는 결과를 달성하는데 방해가 되는 딜레마를 말할 때 코치가 듣게 되는 고객의 신념을 반영하는 방식으로 빠르게 전환된다(그림 ⑦). 고객의 신념을 탐구하다 보면, 사회적 욕구를 충족시키지 못할 것이라는 두려움이나 가치 충돌의 가능성을 발견하기도 한다. 이 과정에서 신념이나 결과가 전환되거나 변경될 수 있다.

고객에게 때때로 수평적 코칭을 통해 대안을 말할 수 있는 안전한 장소가 필요한 것은 맞다. 하지만 의사 결정을 내리거나 해결책을 찾는데 어려움을 겪는다면, 해결 중심의 수평적 코칭 Solution-focused horizontal coaching보다 인식 기반의 수직적 코칭 Awareness-based vertical coaching이 더 효과적이다.

예를 들어, 리더를 코칭하는 경우, 어려운 대화를 어떻게 해야 할지에 중점을 둔 세션이 필연적으로 있을 것이다. 코치는 성공적인 대화란 어떤 것인지 물어볼 수 있다. 리더는 긍정적인 상호작용에 대한 설명으로 답할 것이다. 수평적 코칭은 여기서 원하는 결과를 방해할 수 있는 요소와 리더가 이러한 방해를 어떻게 처리할 것인지 살펴볼 것이다.

나도 이와 같은 대화를 했었다. 리더는 여전히 대화를 미루거나, 또는 다른 사람에게 책임을 묻지 않거나, 지시적인 태도로 상호작용 없이 상대방에게 무엇을 해야 하는지 말할 수도 있다. 리더는 종종 조직의 우선순위와 고위층의 기대가 지시적이기 때문이라고 비난한다.

이 리더를 코칭하면서 더 깊게 들어가 본다면, 리더는 갈등을 어렵게 만드는 원인으로 갈등이 발생할 때의 감정을 다루는 것에 대한 두려움을 말할 수도 있다. 그러면 이러한 감정이 발생할 때 침착하게 유지하는 것을 코칭에서 달성하고자 하는 결과로 둘 수 있다. 그때 리더를 침착하지 못하게 하는 것을 살펴보면, 잘못될까봐 또는 평가 받을까봐 두려워하고 있다는 것을 알 수 있게 된다.

또 더 깊게 들어가보면, "이 어려운 대화를 해야 한다는 사실은 리더로 실패했다는 것을 의미한다"라는 신념에 이르게 된다. 이러한 신념을 인식하면, 코칭 대화에서 원하는 결과는 좋은 리더십을 정의하는 것으로 바뀐다.

브레네 브라운Brene Brown은 리더십에 대해 대부분의 사람들이 취약하다는 것을 약점으로 여기도록 배웠다고 말한다. "취약한 것을 드러내는 것은 어렵고 어색하다. 그렇게 하고 싶은 사람은 없다. 왜냐하면 우리가 자신을 드러내면 다친다고 느끼기 때문이다. 실패하게 될 것이고, 실망하게 될 것이다."[2] 그래서 리더 혹은 누구든지, 어려운 대화를 회피하는 이유를 밝힐 수 있도록 수직적인 코칭이 필요하다. "용기가 있다면 무엇을 할 것인가?"라고 물을 수 있다. 그러면 결과가 다시 한번 바뀔 가능성이 높다.

장애요소는 무엇인가?

싱가포르에 있는 내 동료이자 뛰어난 리더십 코치인 토니 라티머Tony Latimer는 자신의 코칭 모델은 고객이 원하는 것을 찾아내고, 그것을 얻는 데 장애요소가 무엇인지 발견하도록 코칭하는 것이라고 말한다. 고객은 가끔 장애요소를 볼 수 없거나 인정하지 않는다. 일단 진행 중인 장애요소가 밝혀지면 고객들은 다음에 무엇을 원하는지 더 잘 선택할 수 있다.

나는 발전하는 결과를 포함하기 위해 토니의 모델에 몇 가지 단계를 추가했다. 결과가 변경될 때마다 "장애요소는 무엇인가?"에 대한 새로운 탐색의 단계가 있다(그림 ⑧).

똑똑하고 창의적인 고객의 장애요소를 코칭으로 탐구한다는 것

---

2 —— Dori Meinert, "Brene Brown: Drop the Armor, Dare to Lead," SHRM, June 24, 2019, https://www.shrm.org/hr-today/news/hr-news/Pages/Brene-Brown-Drop-the-Armor-Dare-to-Lead.aspx.

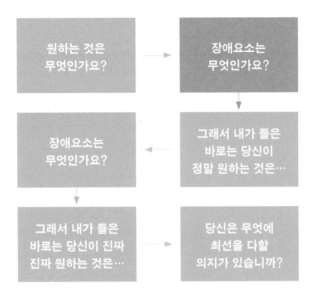

그림 ⑧ 실제로 원하는 결과 발견하기

은 고객의 스토리를 구성하는 신념, 사회적 욕구 및 가치에 대해 호기심을 갖는다는 것을 의미한다. 코치는 먼저 고객의 스토리를 정의하는 신념과 느끼는 감정 변화를 반영하는 것으로 시작할 수 있다. 그런 다음 지금 행동을 취하지 않으면 잃거나 얻지 못할까봐 두려워하는 것이 무엇인지 보기 위해 맥락을 찾아볼 수 있다.

코치의 반영과 질문들은 사회적 욕구를 드러낼 수도 있다. 예를 들어, 자신이 내린 결정으로 인해 존경과 신뢰를 잃을까봐 두려워하는 리더가 있을 수 있다. 심지어 리더가 문제에 대해 쉬운 해결책을 내린다면 자신의 진정성에 영향을 미친다고 느끼는("난 그런 사람이 아니야") 가치관의 충돌을 발견할 수도 있다. 그리고 동시에 자신이 정말 하고 싶은 일을 하면, 약하다고 여겨지거나 큰 그림을 지지하지 못하고 있다고 판단될까 봐 두려워한다.

케이스 스터디

한 여성 고객은 남초 조직인 엔지니어링 부서에서 승진하는 데 도움을 받기 위해 나를 찾아왔다. 그녀는 업무적인 측면에서 뛰어나며, 동료들과도 좋은 1:1 관계를 형성하고 있었다.

하지만 그녀는 팀 미팅에서 자신의 행동을 고쳐야 함을 느꼈다. 문제에 대한 해결책을 논의할 때, 초조하게 머뭇거리다가 무엇을 할 것인지 제안하기 전에, 불쑥 다른 사람의 생각에 무엇이 문제인지 말한다고 했다. 따라서 그녀의 초기 목표는 명확했다.

다음 코칭 세션에서, 그녀는 행동을 바꾸지 못했다고 말했다. 그래서 우리는 더 깊게 파고들어서 장애 요소가 무엇인지 알아보았다.

고객　제가 제시하는 아이디어가 의미 있는 것인지 확인하고 싶어요. 하지만 사람들이 서로 논쟁하고 말을 가로막아서 끼어들어갈 적절한 순간을 찾기가 어려워요. 그래서 그냥 강제로 끼어들게 돼요. 사람들은 아마 저를 다그치는 여자라고 생각하겠죠. 그러면 저는 그들에게 소리치면서 화를 내게 되고, 그럼 또 저는 성질 나쁜 여자로 평가되는 겁니다.

코치   동료들이 당신을 그렇게 보고 있다는 것을 어떻게 알게 되었나요?

고객   동료들에게 어떻게 생각하는지 물어본 적은 없어요. 하지만 회의하는 중이 아닐 때는 동료들과 좋은 관계를 유지하고 있기 때문에, 개별적으로 물어볼 수는 있겠네요.

나는 회의에서 어떻게 보여지기를 원하는지를 묻고, 말 뿐만 아니라 그녀의 존재감을 시각화해 보도록 요청했다. 고객은 고민하다가 대답했다.

고객   음… 저는 단순한 아이디어 제공자가 아니라 영감을 주는 리더가 되고 싶어요.

코치   그게 당신이 만들고자 하는 결과인가요?

이후 고객의 동의하에 회의에서 망설이고 분노하는 이유를 더 깊이 들여다보았다. 그런 다음, 고객은 강압적이지는 않지만 더 강력하게 아이디어를 제안하는 방법을 찾고 싶어했다. 동료들의 관심을 받게 될 때, 자신의 아이디어로 함께 달성할 수 있는 그림을 그려서 보여주고, 위험을 감수하더라도 성장하기 위해 서로 지원할 수 있는 방법을 찾고 싶다고 했다.

나는 고객이 리더십을 발휘하며 나서는 것에 대해 인정했다. 이후 고객은 최상의 시나리오를 만들고, 다음 회의에서 진행할 단계별 리스트까지 뽑았다.

자신이 원하는 결과를 달성할 수 없다고 믿는 고객들도 있다. 한 고객은 부하 직원으로 일하는 여성과의 어려운 대화에 미리 대비하고 싶어 했다. 계획을 세우기 시작하자 고객은 말했다. "안될 겁니다. 그 직원은 안 변할 거예요." 그래서 나는 "만약 그렇다면, 당신이 할 일은 무엇일까요?"라고 물었더니 고객은 상황을 해결하는 방법을 찾을 수 있을 것이라 생각했지만, 부하 직원이 더 좋아할 만한 새로운 직장을 찾도록 정말 도와주고 싶다고 했다. 대화는 여전히 어려울 수 있었지만, 원하는 결과는 바뀌었다.

한 번 원하는 결과를 합의한 후에는, 현재 어떤 것이 실현 가능한지에 대한 신념을 점검해야 한다. 고객들은 불합리한 기대가 있었음을 인정할 수 있으며, 이로 인해 결과가 바뀌게 된다. 고객이 원하는 것을 실현할 수 있을지 모르는 경우, 현실적으로 원하는 것을 이루기 위해 필요한 것을 조사해 보는 것으로 약속할 수 있다. 조사해 보는 것이 코칭 세션의 결과가 되는 것이다.

항상 합의한 결과를 염두에 두기

코칭하는 동안 항상 "우리가 어디로 가고 있는가?"라는 생각을 염두에 두고 진행하는 것이 좋다. 원하는 결과를 합의했더라도 코칭 대화가 더 깊어질수록, 원했던 결과가 여전히 유효한지 계속 물어보는 것이 좋다. 코치는 고객의 시각이 변하면 무엇이 더 분명해졌는지 혹은 어떻게 이해했는지 물어볼 수 있다. 그런 다음 대화가 새로운 방향으로 향하고 있다는 것을 알려주고, 고객이 초점을 세밀하게 조정하거나 결과에 대한 관점을 전환할 수 있도록 선택하게 할 수 있다.

케이스 스터디

모두 남성인 총괄직급의 동료들과 세 명의 부사장으로 구성된 리더십 팀 미팅에서, 자신의 동료 중 한 명이 동성애자 직원을 조롱했다는 이야기로 시작한 고객이 있었다.

고객   다양성 문제를 고려할 때, 저는 이 대화가 옳지 않다고 말했습니다. 그리고 부사장 중 한 명이 동의했어요.

그들은 미팅 어젠다로 다시 돌아갔고 미팅이 끝난 후, 그 부사장이 이번 주 이후에 점심 약속을 제안했으며, 고객은 코칭 세션에서 부사장과 있을 점심 미팅에 대해 이야기하고 싶어 했다.

코치   그 미팅에서 무엇을 얻고 싶으세요?

고객   미팅에서 다양성에 대한 이야기는 하고 싶진 않아요. 하지만 그래야만 할 것도 같아요, 이 이슈를 꺼내는 것이 리더로서의 책임이겠지요? 제가 게이라는 사실을 아는 사람이 없는데, 이게 왜 문제가 될까요? 사람들도 다양성에 대해 신경 써야 하는 거 아닌가요? 부사장과 말할 때는, 회

사에서의 제 리더십 잠재력에 대해 말하고 싶어요. 저에 대해 어떻게 생각하고 있는지, 무엇을 더 개발해야 할지에 대해서요.

코치 그 대화에서 집중할 두 가지 부분이 있어 보입니다. 회사의 다양성을 위한 역할을 맡는 것과, 당신의 리더십 기회를 탐색하는 것이요.

고객 부사장이 다양성에 대해 말하지 않는 한 동료들 사이에서 '다양성 감시자'로 보이는 것은 원하지 않아요. 혹시나 대화에서 이 주제가 언급되더라도, 부사장과 전반적인 리더십에 대해 이야기하고 싶고, 좋은 관계를 구축하고 싶습니다.

코치의 질문으로 고객은 부사장과의 대화에서 무엇을 원하는지 명확히 했다. 그러나 그다음 세션에서 이전처럼 다시 다양성 대화로 돌아갔고, 이에 대해 불편함을 느끼는 이야기를 했다.

코치 혹시 지금 다양성에 대해 편안하게 말하기 위해 필요한 것에 초점을 바꿔서 이야기하고 싶으신가요?

고객 저는 다양성 지지자로서의 편안함을 찾아보고 싶기는 하지만, 먼저 광신도로 보이지 않으면서 지지자가 될 수 있는 방법을 알고 싶어요.

이후 코칭의 목표는 고객이 광신도처럼 느껴지지 않으면서 다양성을 성공적으로 지지할 수 있는 방법으로 변경되었다. 그렇게 지지자와 광신도 사이의 차이를 탐색한 후, 코치는 직장에서의 이 행동이 고객에게 무엇을 의미하는지 물었다.

고객　　　이제 회사가 다양성을 추진하는 과정에서 저의 역할을 어떻게 다룰 것인지에 대해 편안해졌으니 부사장님과의 대화에 대해 다시 이야기 하고 싶습니다.

코치는 코칭에서 원하는 결과가 부사장과의 성공적인 대화로 돌아갔다는 것을 확인했다. 두려움을 탐구하는 동안, 그는 훌륭한 리더가 되기 위해 무엇이 필요한지에 대한 그의 견해에 대해 이야기하기 시작했다. 다양성과 포용성 같은 어려운 문제를 이야기할 때도 정직하게 용기를 내어 모습을 드러내고 싶다고 말했다. 그는 자신이 조롱의 대상이 될 수 있다는 것을 알고 있었지만 이제는 부사장에게 감동을 주는 것보다 성실하게 행동하는 것이 더 중요하다는 것을 깨달았다고 말했다.

코치　　　스스로 되고 싶은 리더의 모습을 그려보는 것이 가장 중요한 결과인가요?

고객　　　네, 맞습니다. 저는 모든 대화에서 그런 리더이고 싶어요. 이건 단순히 다양성에 대한 지지자가 아니라 리더십에 관한 것입니다.

코치는 고객의 새로운 인식과 결의를 인정하며, 나머지 시간 동안 고객의 리더십 정의를 다듬고, 이러한 종류의 리더가 되기 위해 필요한 것이 무엇인지와 어떤 회사에서 일하든지 이러한 리더가 되기 위해서는 무엇이 필요한지를 함께 다루었다.

초대하기와 재초대하기

고객들은 때때로 자신의 이야기에 감정적으로 심취해, 문제를 계속해서 다양한 방법으로 반복적으로 설명하면서 무엇을 원하는지 명확하게 정의하지 않는 경우가 있다. 심지어 결과를 상상해보기 시작해도, 초점을 과거의 어려움을 다시 설명하는 것에 맞출 때도 있다.

코칭 세션에서 같은 얘기가 되풀이되는 것을 피하려면, 하나의 원하는 긍정적인 결과를 찾을 수 없다면 어떠한 진전도 이루어지지 않을 것이라고 확실히 말해야 한다. 고객에게 원하는 결과를 여러 차례 물어보는 게 필요하기도 하다.

또는 고객의 문제 중 하나를 선택하고, 해결된 모습을 한 장면으로 설명하도록 제안할 수 있다. 고객이 응한다면 코치는 "이것이 우리 코칭에서 탐구하길 원하는 결과인가요, 아니면 더 시급한 문제가 있나요?"라고 물어볼 수 있다. 다시 한번 말하지만, 이러한 초대를 여러 차례 반복해야 할 수도 있다.

건강 이슈로 1년간 일을 하지 않았던 한 고객이 새로운 일자리를 찾고 있었다. 의사로부터 전일제 일자리를 찾아도 된다는 허락을 받았으며, 코칭을 통해 건강 관리 계획을 만들기를 원했다. 코치는 고객에게 계획이 이미 있음을 알게 되었다.

코치　　　새로운 일을 시작할 때 세워놓으신 계획을 잘 실행하는 방법을 나누고 싶은가요?

고객　　　네, 그렇긴 합니다만, 저는 보통 부족함에 대한 두려움 때문에 처음부터 강하게 밀어붙여 과하게 일하는 습관이 있어요. 그러다보면 제 자신에게 화가 나면서 스트레스를 더 늘리기도 합니다.

코치　　　그렇다면 건강 관리 계획에 충실하도록 하는 것을 결과로 가져가고 싶으세요? 아니면 과하게 일하지 않아도 된다는 느낌을 받도록 자신감을 갖고 싶으신 건가요?

고객　　　자신감을 쌓는데 집중하고 싶고, 일할 때 '크고 강한' 느낌을 갖고 싶습니다.

고객이 자신의 부족함에 대한 감정을 탐색하던 중, 고객은 자신의 병력과 부상 이력에 대한 이야기를 되풀이했다. 코치는 고객이 지금 충분히 건강하게 일할 수 있다고 느낀 것을 재확인했다.

코치   지금 자신감과 건강의 측면에서 '크고 강한' 삶을 살아가는 것을 고려하고 싶으신 걸까요?

고객   저는 자신감이 떨어지면 과도하게 일을 하게 되고 건강을 해치는 경향이 있어요. 그럼 또다시 자신감이 떨어지게 되죠. 그런 의미에서 자신감을 쌓는 방법에 초점을 맞추고 싶어요.

고객은 자신의 부족함에 대한 두려움에 대해 이야기하자, 다시 자신의 신체 능력에 대해 이야기하기 시작했다.

코치   일을 수행하는 데 체력이 충분하지 않을 가능성은 현실적으로 얼마나 있을까요?

고객   모르겠어요, 그냥 걱정이 되는 거죠.

코치   단호하게 말씀하시네요. 그 걱정이 진짜 딜레마인가요?

고객이 웃으며 말했다.

고객   네, 머릿속에서 생각만 해도 폭풍이 몰아쳐요. 제가 저 스스로에게 그렇게 하고 있어요.

코치   여전히 일할 때 '크고 강한' 걸 원하시는 건가요?

고객   네, 전 그렇게 할 수 있다고 믿어요.

코치   건강을 살피는 계획을 지키겠다는 것에서 자신감을 쌓는 것으로 변경했는데, 이제는 걱정이 성공에 영향을 미친다는 것을 알게 되었네요. 맞나요?

고객 네, 제가 현실이 되도록 만들어 버려요. 걱정으로 병을 키우면서 말이죠.

코치 정말 멋진 통찰입니다. 그러면 걱정 습관에 대해서는 어떻게 하고 싶으세요?

이후, 여전히 일을 할 때 '크고 강한' 것을 원하는 결과로 두었지만, 코칭 세션은 걱정 습관을 다루는 것으로 전환됐다. 최종적으로, 고객은 자신감과 건강 관리 계획을 가지고 직장 생활에 천천히 다시 돌아갈 수 있는 일자리를 찾는 계획에 만족한다고 말했다.

코칭은 고객을 지지하고 격려한다. 그러나 미래를 내다보며 현재에 집중할 수 있도록 고객을 이끌어야 할 때, 고객은 불편하고 당황스러울 수 있다. 한 번은 코칭 데모 후 참석자 중 한 사람이 코칭 데모의 고객에게 내가 코칭 과정에서 계속 원하는 결과가 무엇인지 다시 방향을 바꾸는 것이 짜증 나지는 않았는지 물어보자 "네, 매우 짜증 났습니다. 그런데 그게 저에게 꼭 필요했어요"라고 답했다. 코칭은 누군가를 기분 좋게 만들기 위해서 하는 것이 아니라, 명확하고 자신감 있게 더 잘 보도록 돕기 위한 것이다.

코칭 세션이 단순히 문제에 대한 대화로 끝나지 않으려면 목적지가 필요하다. 물론 고객은 말하면서 스스로의 생각을 더 잘 정리할 수 있지만, 코치가 고객이 명확한 목표를 그리는 데 도움을 주면 더 깊이 있고 오래 지속되는 결론이 나올 것이다. 문제는 다층적일 수 있기 때문에 세션 중 고객이 원하는 결과가 자주 변할 수도 있다. 코칭 중에 골텐딩을 향상시키기 위한 팁 몇 가지를 소개한다.

1. **고객이 여러 가지 문제를 나열할 때, 들은 내용을 요약하고 어떤 결과에 먼저 집중할 것인지 선택하도록 제안하라.** 제안할 때 고객의 언어를 사용한다. 예를 들면 "당신은 상사가 당신을 다르게 대하길 원하시나요, 아니면 더욱 흥미를 느끼며 출근할 수 있도록 당신의 직업을 다시 정의하길 원하시나요?" 선택지를 한 가지로 줄이는 것을 고객에게 명확한 목적지와 가장 큰 소망을 확인할 수 있다. 고객이 이루고자 하는 결과를 정의하는 데 주저한다면, 해당 주제와 관련해 현재 어떤 상황인지를 설명하도록 하고 더 나은 결과를 표현하는 비전을 그려보도록 제안하라.

2. **고객이 원하는 결과가 변한다는 것을 염두에 두고, 그것을 고객의 언어로 표현해 전달하라.** 고객이 자신의 신념, 가정, 두려움, 그리고 더 깊은 열망을 살펴보는 과정에서는, 고객이 원하는 결과가 변할 수 있다. 특히 코칭이 외부적인 문제 해결에서 문제를 악화시키는 내

부적인 딜레마 해결로 전환되는 경우 큰 변화가 있을 수 있고, 고객이 상황을 보다 명확하게 파악한 후에 방향 또는 우선순위를 바꿀 수도 있다. 이러한 변화에 대해 코치가 관찰한 것을 나누고, 이것이 처음 원했던 결과와 어떤 관련이 있는지 물어본다. 고객이 새로운 결과를 원하는 것에 동의한다면, 새로운 결과를 다시 말해보며 고객과 코치 모두 결과에 대한 이미지와 의미에 동의하는지 확인해야 한다.

3. **반복되는 단어와 감정적으로 자극되는 지점을 듣고, 분노, 변명 또는 비난을 일으키는 경우에 주의해 들어라.** 듣고 관찰한 것을 공유한다. "통제" "듣지 않음" "이건 너무 심각해요"와 같이 반복되는 단어들은 고객이 정말 원하는 것을 정의할 수 있는 단서가 될 수 있다. 이러한 단어가 언급한 결과와 어떻게 관련이 있는지 물어보라. 고객이 문제를 해결하지 못했을 때, 존경, 신용, 안전성, 호감 등을 잃거나 얻지 못할까봐 두렵다는 반응이 나올 수 있다.

그렇다면 시각을 바꿔 고객이 자신의 욕구를 충족시키는 것을 포함시켜야 할까? 이때 해야만 한다고 생각했던 것이, 다른 사람들이 생각하는 것이고 자신이 원하는 것은 아니라는 가치 충돌이 일어날 수도 있다. 만약 고객이 자신이 정말로 하고 싶은 일을 한다면, 실패하거나 다른 사람들을 상처 입힐 것이라고 느끼게 될 것이다.

새로운 인식으로 고객의 시각이 바뀌었다면, 무엇이 더욱 분명해지고 이해되었는지 코치가 질문으로 확인해 주는 것이 좋다. 그런 다음 새로운 깨달음을 바탕으로 원하는 결과를 다듬거나 재정의할지 묻는다.

상상하고, 다듬고, 재정의하는 것은 대화가 빙빙 돌아가지 않고 앞으로 나아갈 수 있도록 돕는다.

7장

새로움 그리고 다음:
통찰력과 약속으로 코칭하기

사람은 의지가 생길 때까지 주저하고,

물러서려고 하며, 항상 비효율적이다.

...

(윌리엄 H. 머레이 Willam H. Murray)

코치들이 자주 후회하는 일 중 하나는, 고객의 행동을 정의하고 약속할 기회를 놓친 것을 깨달을 때이다. 약속을 위한 기회는 고객이 결정을 내린 후에 일어나는 것이 아니라, 살짝 미소를 짓거나 숨을 들이쉬거나 충격을 받은 듯한 모습을 보였을 때 있다. 고객은 이전에 보지 못했던 진실이나 해결책을 찾았다고 느끼기에 이러한 반응을 보인다.

보통은 다음과 같은 일이 벌어진다. 고객은 자신이나 상황에 대해 강력한 새로운 인식을 가지게 되었다. 코치는 고객의 관점이 바뀐 것에 기분 좋았는데, 그 기쁨에 눈이 멀어 새로운 인식이 명확하게 이해되었는지 확인하고, 이를 행동으로 이어지도록 약속하는 것을 잊어버린 것이다.

이런 실수는 통찰력 형성과 강한 감정적인 변화가 함께 생겨나기 때문에 흔히 일어나는 일이다. 새로운 의미가 드러나면 고객은 당황, 슬픔, 불안 등을 느낄 수 있다. 이때 코치가 고객이 감정을 처리할 수 있는 안전한 공간을 제공하면, 일반적으로 고객은 이러한 감정을 수용하는 것으로 이어진다. 불편함이 사라지고 안도의 한숨을 내쉬며 코치와 고객은 해방감을 함께 느끼게 된다. 이제 드디어 고객이 다음으로 나아갈 수 있게 된 것이다. 이러한 해방감은 여정의 끝처럼 느껴질 수 있지만 사실은 그렇지 않다. 마치 집을 구매하고 계약을 마치고 나면 기뻐하며 축하하지만, 그 집을 진짜 내 집으로 만들기 위한 단계들이 아직 많이 남아있는 것과 같다.

> 고객이 새로운 통찰력을 경험하면, 새로운 시각으로 보는 문이 열린 것처럼 느껴지지만 고객은 아직 그 문을 통과하기 전이다.

코치들은 고객이 상황을 다르게 보게 된 것을 보고, 이제 무엇을 하고 싶은지 물어보기도 한다. 그러나 그것만으로는 충분하지 않다. 고객은 "이제 내가 무엇을 해야 할지 정확히 알겠어요. 감사합니다"라고 말할 수 있다. 그 자체만으로 어느 정도 성취감을 느끼기 때문이다. 코치들이 고객에게 더 이야기할 것이 있는지 물어봐도 고객은 기쁜 목소리로 없다고 말할 것이다.

코칭 세션을 구체적인 실행약속으로 마무리하는 절차가 없으면, 고객은 세션이 끝나고 자신이 무엇을 하기로 했는지 잊어버릴 수 있다. 심지어 자신이 가졌던 통찰력도 바로 사라져 버릴 수 있다. 세션을 통해 고객은 자신이 해결해야 할 문제에 대한 명확성을 얻었다는 것은 기억할 것이다. 더 나아가 앞으로 실행할 단계들도 명확하게 떠올렸을 수도 있다. 그러나 앞으로의 계획에 장애물이 될 수 있는 것들을 살펴보지 않으면, 여러 가지 상황이 고객의 실행을 방해할 수 있다.

6장에서는 코칭 세션의 결과를 정의하는 것의 중요함을 살펴봤다. 책들이 바로 서 있기 위해서는 양쪽 끝을 받쳐줄 북엔드가 필요하다. 그리고 끝에 있는 북엔드—다음 단계에 대한 약속—는 고객이 자신의 통찰력과 원하는 결과로 향해 나아가기 위해 취하게 될 행동을 명확하게 한다.

현실로 만들기 위해 소리 내어 말해야 한다

코치는 고객이 행동하기 전에, 지금 보고 있는 것이나 배운 것을 입으로 말하게 해서 새로운 시각을 내재화하는 것이 중요하다. 그런 다음 고객으로 하여금 대화가 끝나기 전에 배운 것을 적용해 실행계획을 수립하게 한다.

코칭의 많은 부분은, 고객이 저항하거나 간과한 것을 보도록 안내하기 위함이다. 고객의 스토리를 듣는 것은 연극 장면을 되짚어 보는 것과 같다. 고객은 장면의 모든 세부 사항을 인식하지 않는다. 스토리안의 의미가 있는 소품과 배우들만을 볼 뿐이다.

뇌는 일종의 의미를 만드는 기계이다. 뇌는 과거 경험, 오래된 믿음, 진행형인 두려움 및 현재의 가정을 참조해 감각이 인식하는 것을 즉시 정의한다. 코칭은 사람들이 상황에 부여하는 의미를 검토해서, 앞으로 접근방식을 변화시킬 수 있는 또 다른 방법이 무엇인지 결정하기 위한 것이다.

거리를 걷고 있다고 상상해보라. 도로 바닥에 갈색 물체가 보이자, 당신은 즉시 그것이 돌이라고 생각한다. 그러나 가까이 다가가서 다시 보면, 그것이 실제로는 종이봉투임을 알아차리게 된다. 그리고 그 종이봉투에 더 다가가자 봉투 속에 있던 다람쥐가 달려 나오는 모습을 발견하고, 당신은 깜짝 놀라 웃음을 터트린다.

코칭을 통해 간과했거나 피했던 것들이 표면으로 드러나게 되면, 갑작스럽게 명료하게 보이게 되어 고객이 놀라거나 죄책감을 느낄 수도 있다. 감춰진 것이 드러나면, 고객들은 감정적인 반응을 일으킨다. 그 반응은 웃음으로 가볍게 끝날 수도 있고, 침묵과 죄책감으로 가득 찰 수도 있다. 또는 눈물이나 분노, 폭발을 유발하기도 한다. 고객은 갑자기 눈을 돌리거나 시선을 피할 수도 있다. 숨을 멈춘 채 멍하게 있을 수도 있다.

고객에게 어떤 변화가 일어나든 코치는 그 감정을 동감하거나 줄이려고 하지 말아야한다. 고객은 금방 괜찮아질 것이다. 침묵으로 고객이 그 순간을 온전히 경험할 수 있도록 해야 한다. 이때 코치는 자신의 호흡을 살피며 평소보다 더 많은 인내심으로 침묵하며 참을성 있게 기다려야 한다.

코치는 고객이 반응을 처리할 공간을 제공함과 더불어, 이러한 중요한 순간을 그냥 지나치지 않도록 해야 한다. 고객 스스로 말을 시작할 수도 있다. 대화가 어디로 이어지든, 혹은 계속 침묵만 유지되든, 반드시 "방금 일어난 일을 공유해 주시겠어요? 지금 무엇을 보고 계신가요?"라고 묻는 것이 중요하다. 고객은 바로 명확한 표현으로 답할 수도 있고, 이해해야는 것을 말해야 할 수도 있다. 구체적인 내용을 말하는 것은 새로운 신념을 형성하는 데 도움이 된다. 식물학자 로빈 월 키머러Robin Wall Kimmerer는 "말을 찾는 것은, 보는 법을 배우는 또 다른 단계이다"라고 말했다. 코치는 고객이 눈앞에 펼쳐진 상황을 이해하는 데 필요한 모든 공간을 제공할 수 있어야 한다.

이렇게 새롭게 드러난 것을 말로 표현하는 것은, 마치 퍼즐 조각을 맞춰 보는 것과 같다. 배운 것과 통찰력을 말로 표현하면, 이 조각이 스토리 속에서 확고하게 자리 잡을 수 있게 한다. 이를 통해 고객과 코치는 함께 이해한 것을 바탕으로 코칭을 진행할 수 있게 된다.

케이스 스터디

고객은 영감을 받은 대로 행동할 용기만 있다면, 자신의 비즈니스가 어떤 모습이 될 수 있을지 명확히 알고 싶다고 했다. 실패가 두려워 '자신을 작게' 만들고 있다고 했다. 코치는 고객과 함께 여러 가지 방법을 시도했고, 먼저 고객에게 '작게 되는 것'이 어떤 모습인지 물어봤다. 그런 다음 정말 하고 싶은 일을 말하게 해서, 코칭에서 집중할 결과를 명확히 하도록 도왔다. 그리고 코치는 고객에게 어떤 것에 시간을 낭비하고 있는지 물었다. 고객은 기꺼이 대답했지만, 말하는 동안 몸에 팔을 꼭 붙이고 있었다.

코치　　이 대화가 이번이 처음이 아니군요. 당신은 더 큰 것을 이루는 모습과 느낌을 알고 있는 것 같네요. 현재 어디에 있는지 알고 있기 때문에 그 차이를 정의할 수 있을 것 같은데요. 그래서 제가 궁금한 건, 지금 무엇을 억누르고 계신가요?

고객은 약간 짜증스러운 표정을 지으며 말했다.

고객　　저는 그렇게 열심히 일하고 싶지 않아요!
코치　　네, 알겠습니다.

고객은 등받이에 몸을 기대며 편안한 자세를 취했다.

코치　　다시 처음부터 시작할까요?
고객　　저는 제 미래에 대해 새로운 그림을 그릴 수 있을지 확신이 안 서요. 저는 더 큰 물에서 사업을 해보고 싶다는 말을 오랫동안 해 왔는

데요.

코치   그럼 이제 스스로 인지한 것을 솔직히 말해볼까요? 지금 무엇이 명확해졌는지 말씀해 주시겠어요?

고객은 잠시 생각한 후 말했다.

고객   제가 하는 일에 변화를 주고 싶어요. 지금 하고 있는 것보다 더 많은 것을 할 수 있다는 것을 알지만, 제 인생을 일에 매몰시키고 싶지는 않아요.

그 후, 코치는 고객이 현재 가장 즐거워하는 일을 나열하도록 하고, 고객이 추구하고자 하는 비전을 구성할 수 있도록 도왔다.

새로운 인식으로 인한 고객이 자신의 스토리에 담긴 가정에 오류가 있음을 기꺼이 받아들이는 경우처럼 약간의 변화일 수도 있다. 또는, 사회적 욕구와 가치의 중요성을 탐구할 때처럼 깊이 있는 큰 변화일 수도 있다. 이러한 인식은 고객의 프레임을 바꾸기도 한다.

이런 중대한 발견은 고객이 자신과의 관계에서 새로운 것을 깨닫거나 자아 정체성과 관련한 딜레마에서 인식이 확장되거나(정체성), 고객 스스로 현재 진실이라고 믿고 있는 것에 대해 완전히 새로운 시각을 발견할 때 일어난다(현실). 이러한 모든 깨달음은 구체적으로 표현되어야 이를 통해 명확한 프레임의 변화가 이뤄진다.

코칭에서 달성해야 될 가능한 새로운 결과와 관련이 있는 통찰인 경우에는 더 주의 깊게 봐야 한다. "나는 그렇게 열심히 일하고 싶지 않습니다" 또는 "나는 위험을 피하고 있어요" 또는 "내가 맞는 길이라고 생각하는 것을 포기하는 게 어려워요" 또는 "내가 얼마나 멍청했는지"와 같은 말은 새롭게 원하는 결과를 암시할 수 있다.

고객으로 하여금 코칭의 방향을 선택할 수 있도록 해라. 이제 어떤 행동을 취할지 살펴볼 준비가 되었는지, 아니면 고객이 나눈 인사이트를 기반으로 무엇을 달성하고 싶은지, 무엇을 재정의하고 싶은지 물어본다. 이제 무엇을 해야 할지 명확해졌다면, 코치는 고객의 행동이 세션 초반에 합의한 결과를 이루는 데 어떻게 도움이 될지 물어볼 수 있다. 만약 고객이 계획을 세우고 싶지만 다른 문제를 해결해야 한다고 말하면, 이 새로운 문제를 지금 다룰지 다음 세션에서 다룰지 물어본다. 어떤 결과를 이루고 싶은지 선택은 항상 고객에게 있다.

왜 지금인가?

그렇다면, 대화를 마치고 실행약속으로 넘어가야 할 때를 어떻게 알 수 있을까? 고객이 진정으로 원하는 결과를 달성하는 데 방해 요인을 해결한 경우일 수 있다. 원하는 결과와 그 결과를 달성하기 위한 단계가 명확해진 순간일 수도 있다.

고객이 깨달은 것이 깊이 있는 통찰이나 중요한 발견일 경우, 이것이 명확하게 표현된 후에 새로운 인식을 기반으로 한 실행약속을 추진할 준비가 되었는지 즉시 살펴봐야 한다(그림 ⑨).

원하는 결과를 이루기 위한 통찰이 명확하게 표현되면, 코치는 이제 코칭의 북엔드를 제자리에 놓을 때가 된 것인지 확인을 해야 한다. 오랜 시간을 보내지 마라. 코치의 망설임과 핑곗거리가 과정 중에 스며들 수 있다. 통찰을 실행약속으로 전환하기 위해 다음과 같은 질문을 하면 된다.

▶ "지금 무엇을 할 것인가요?"
▶ "언제까지 하실 것인가요?"
▶ "실행약속에 방해가 되는 것은 무엇인가요?(또 다른 계획 또는 더 현실적인 계획을 세울 수 있다)."
▶ "어떤 지원이나 자원이 도움이 될까요?"
▶ "오늘의 통찰과 계획에 대해 어떻게 느끼세요?"

고객은 계획을 공유하며 스스로 이행할 의무감을 느끼게 된다. 즉, 지켜야하는 중요한 약속이 되는 것이다. 고객은 자신이 한 말에 대해 책임감을 가지게 되며 실행에 대한 의구심이 생기더라도 다시 용기를

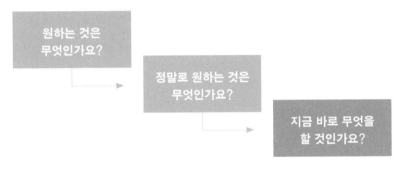

그림 ⑨ 다른 북엔드: 통찰을 실행약속으로 바꾸기

얻게 된다.

고객이 지금 알게 된 것을 생각할 시간이 더 필요하다고 말할 수 있다. 그럼 코치는 이를 받아들이고, 고객의 깨달음이 어떻게 보이는지 물어보면 된다. 고객은 언제, 어디서 스스로 발견한 것을 깊이 생각할까? 고객에게 원하는 결과에 도달하는데 필요한 다음 단계를 적어도 하나 이상 제안하도록 요청해야 한다.

계획이 없어도 무엇을 해야 할지 알고 있다고 말하는 고객도 있다. 자신이나 상황을 다르게 보게 되면 필요한 답을 이미 가지고 있다고 느끼는 고객이다. 새로운 의미가 형성됐으며, 다음 단계가 명확해졌다고 느낀다. 하지만 아는 것과 하는 것은 다르다는 것을 명심해야 한다. 고객에게 무엇을 할 것인지 말하게 해서 코치와 고객 모두 다음 단계에 대해 같은 생각을 갖도록 한다. 만약 고객이 자신의 의사를 분명히 하지 않으면, 코칭 세션이 끝난 후에도 고객은 여전히 (실행하지 않은 채) 머뭇거릴 수도 있다.[1] 통찰이 일어난 시점이 대화를 마무리하는 적절한 시기로 느껴질 수도 있지만, 고객은 아직 준비가 되지 않았을 수 있다. 통찰이 일어남에 따라 앞으로 무엇을 할지 탐색하는 시점에 조금 더 선명하게 하기 위해 고객은 잠시 되돌아보는 것이 필요할 수도 있다. 다음 단계로 나아가는 데 주저한다면, 보다 명확한 설명이 필요한 것인지 파악할 수 있다.

고객이 이끄는 대로 코치는 따라가야 한다. 고객이 지금 무엇을 보고 있고, 무엇을 배우고 있는지 설명하는 데 주저한다면, 생각을 집중할 수 있도록 반영적 진술로 도움을 줘야 한다. 고객에게 새롭게 전개되고 있는 내용을 공유하고, 이 스토리를 어떻게 마무리하고 싶은지 물어봐야 한다.

높은 에너지로 마무리하라

세션이 끝나기 전에, 코치는 고객에게 세션 시작부터 현재까지의 코칭 여정을 요약하도록 요청할 수 있다 이는 세션 중에 경험한 것을

---

1 —— John Renesch, "A Mature Approach to Commitment," Mini-Keynote Editorials (blog), June 2019, http://renesch.com/2019/a-mature-approach-to-commitment/.

고객이 말하도록 하는 것이다. 만약 고객이 중요한 변화를 놓쳤다면, 코치는 기억나는 것을 전달해 고객이 성취한 다른 부분도 스스로 인정할 수 있도록 한다. 고객이 성장한 공로를 코치가 받을 게 아니라, 고객이 한 일을 상기시켜 스스로를 인정하도록 한다.

코칭 세션 동안 무슨 일이 있었든 간에, 고객이 코칭을 위해 시간을 내주었다는 점이나 중요한 발견을 위해 용감한 결단을 내린 것을 칭찬하는 등 최고로 멋지게 세션을 마무리해라. 물론 세션이 잘 진행되면, 고객이 코치를 칭찬할 것이다. 그러나 이러한 칭찬에 빠지지는 말아야 한다. 세션을 마무리할 때 중요한 것은 고객이 앞으로 나아가기 위해 노력했던 것을 상기시켜 주는 것이다.

만약 지속적인 관계라면, 코치는 지난 시간 동안 고객이 도달한 이정표를 인정하며 상기시켜 줄 수 있다. 그리고 고객이 바쁜 와중에도 코칭에 참여해준 것에 대해 감사함을 표현하는 것도 좋다.

세션 중이나 마무리하는 중요한 순간에 고객의 행동과 진전 상황을 인정하는 것으로 세션을 마무리하기 위해, 다음과 같은 방법을 하나 이상 선택하라.

1. 코칭에서 큰 변화로 연결됐던 열린 마음이나 취약한 모습을 보였던 특정 순간을 말한다.

2. 이전 세션에 비해 성장한 것을 인정한다.

3. 성공에 대한 장애물에 취약한 모습을 보였지만, 결국 장애물을 제

거하는데 도움이 된 순간을 회상해 본다.

4. 달성한 이정표나 완료한 실행약속을 주목해라.

사람은 긍정적으로 인식하는 특정한 행동을 반복하고 더 발전시킨다. 이러한 마무리는 단순히 좋은 말을 하는 것이 아니라, 고객이 성장 의지를 강화하도록 상기시키는 것이다. 뇌는 실망, 당혹감, 실패로부터 스스로를 보호하고자 하기 때문에, 코치는 고객에게 뇌가 위험을 감수할 수 있도록 필요한 근거를 제공해 진전이 느리더라도 잘 되고 있는 것에 고객이 초점을 맞출 수 있도록 하는 것이다.

마지막으로, 고객에게 세션을 마쳐도 될지 물어야 한다. "이렇게 마무리해도 될까요?" 또는 "다음 세션을 잡을까요?" 또는 "지금까지 필요한 사항이 또 있나요?"와 같은 질문을 할 수 있다. 세션 시간이 아직 남아있더라도 시간을 채울 필요는 없다. 남은 시간을 어떻게 사용할지는 고객이 결정하면 된다. 고객은 일찍 끝내는 것을 선호할 수도 있고, 다른 문제를 해결하고 싶을 수도 있다.

코치와 고객 모두 세션을 마칠 때에는 에너지가 차오르는 느낌을 가져야한다. 고객이 새로운 인식으로 인해 다소 충격을 받아 깊이 생각할 시간을 갖겠다고 하더라도, 변화와 성찰을 위한 고객의 의지를 인정해 주면서 세션을 마무리해도 괜찮다. 기억하자. 코칭의 힘은 세션이 끝난 후에 발생하기도 한다. 인식의 변화는 고객이 자기 자신에 대해 배운 것을 일상생활에 적용할 때 실현된다.

의미 있게 마무리하라

만약 세션이 끝날 때, 고객들이 대화의 가치를 의심한다면, 코치는 원하는 결과 또는 성공하는 데 있어서의 장애물을 정의하면서 얻은 그 어떠한 진전도 인정해야 한다. 어려운 상황에서 앞으로 나아가는 것은 보통 하나의 세션으로는 충분하지 않다.

코치는 고객에게 며칠 후에 오늘 세션에 대한 생각을 적어보고 이메일로 보내 달라고 요청해볼 수 있다. 최고의 코칭은 종종 세션 사이에 일어나는데, 며칠 동안 고객은 생각의 변화가 명확해지기도 한다. 코칭이 같은 방향으로 계속 진행되길 고객이 원한다면, 다음 코칭 세션에서 이메일로 보내준 내용을 바탕으로 대화를 이어나갈 수 있다.

만약 고객이 코칭 관계를 끝내는 것이 더 낫다고 느낀다면, 고객의 솔직함을 인정하고 요청을 존중해야 한다. 고객이 현재 필요한 것에 더 적합한 다른 도움들을 제공해 줄 수도 있다. 멘토링, 책, 팟캐스트, 혹은 트레이닝 프로그램 등이 있을 수 있다. 만약 다른 방식으로 접근하는 다른 코치가 필요하다면 추천해 줄 수도 있다. 코치의 목적은 고객의 성장을 촉진하는 것이지, 가능한 한 오랫동안 고객을 유지하는 것이 아니라는 것을 기억해야 한다.

긴 시간을 함께한 후에 끝이 왔다면, 이제 코치는 고객이 시작할 다음 단계를 위해 기뻐하면 된다. 함께한 동안 이룬 성과를 상기시켜 주고, 앞으로의 여정이 잘 되길 바라는 것이 코치의 역할이다. 이별은 불가피하다. 개인적인 손실로 받아들일 필요도 없다. 자녀가 다 커서 떠나듯, 코치는 고객이 새로운 성장 방식을 선택하려는 것을 인정하고 이해해줘야 한다.

성찰적 탐구 활동은 깨달음을 불러일으킨다. 코치는 고객이 새로운 인식을 실제 행동으로 이어갈 수 있도록 더욱 그 깨달음을 구체화시켜야 한다. 그리고 고객이 말한 실행약속을 지키도록 해야 한다. 코치는 다음 팁을 활용해 고객이 자신의 생각에 대해 명확하게 표현할수 있도록 도와주고, 실행약속을 말로 표현하게 할 수 있을 것이다.

1. **깨달음은 감정의 변화를 일으킨다.** 이때 변화는 얼굴을 찡그린다거나 눈물을 흘리는 등 강렬한 것일 수도 있고, 얼굴 표정이 바뀌는 정도의 미묘한 것일 수도 있다. 코치는 일어난 변화에 대해 "방금 일어난 일을 공유해 주시겠어요?" "지금 무엇을 보고 계신가요?"와 같은 질문을 할 수 있다. 변화가 강렬한 경우라도 코치는 고객에게 동감하거나 감정을 줄이도록 하지 말아야 한다. 고객이 순간을 충분히 경험할 수 있도록 코치는 조용히 기다리면 된다. 고객이 다음으로 나아갈 준비가 되면, 지켜본 감정 변화를 공유하라. 그 후 "이게 무슨 의미인가요?" 또는 "변화를 일으킨 것은 무엇인가요?"와 같은 질문을 던져보라. 그러면 고객은 말하면서 이해하게 된다. 고객이 깨달은 것을

깊이 생각할 수 있는 모든 공간을 제공하라.

2. 중요한 깨달음 이후에 고객들이 코칭의 방향을 선택하도록 하라.
고객의 깨달음은 코칭에서 달성할 새로운 결과를 나타낼 수 있다. 중요한 깨달음 이후에, 고객이 코칭의 방향을 선택할 수 있도록 하라. 이제 무엇을 할 것인지를 살펴보거나, 고객이 달성하려는 것을 재정의하고 싶은지 물어보라. 고객이 지금 취해야 할 행동이 명확하다면, 그 행동이 어떻게 합의한 결과를 달성하는 데에 도움이 될지 물어보라. 고객이 이제 이해한 것을 기반으로 무언가를 해결하고 싶다면, 세션 종료까지 달성하려는 것을 다시 정할지 물어봐라. 모든 것을 고객이 정할 수 있도록 하라.

3. 변화 의지를 실행약속으로 바꿔라. 고객이 실행계획과 함께 언제까지 마무리할지 날짜까지 공유하면 자신의 말에 대한 책임감을 느끼게 된다. 고객이 무엇을 해야 하는지를 알고 있는 것과 실제로 하는 것은 다르다. 세션을 마무리할 때, 세션에 대해 생각해 보는 것만 해도 괜찮으니 적어도 하나의 행동을 하기로 실행약속을 하면, 머뭇거리게 되거나 바쁜 상황에도 실행의지가 강해진다.

세 가지 멘탈 습관

마스터가 된다는 것은 스킬의 완벽함이 아니라,

프레즌스의 깊이이다.

...

(마샤 레이놀즈)

나는 리더들에게 코칭 접근 방식을 사용하는 대화 방법을 가르칠 때 "내가 더 많은 질문을 하고 있지만, 어떻게 해도 그들은 내게 속마음을 털어놓지 않는다"라는 불평을 듣곤 한다.

이에 대한 내 대답은 항상 "당신은 어떻게 듣고 있습니까?"이다.

코칭 대화에서 무엇을 말해야 하는지 아는 것만으로는 충분하지 않다. 코치의 코칭 스킬이 향상되면 고객이 생각을 정리하고 스스로 더 명확하게 생각하도록 도울 수 있다. 더 깊이 들어가 고객이 진정으로 원하는 것과 그것을 달성하는데 방해가 되는 것을 파악하려면 고객이 코치와 함께하는 것을 안전하게 느껴야 한다.

리더십 전문가인 더그 실스비Doug Silsbee는 "사실, 다른 사람들의 지속적이고 지속 가능한 성장을 촉진하는 능력은 우리가 관계에 제공하는 프레즌스에 절대적으로 달려있다"라고 말했다.[1] 그는 자신의 책 『프레즌스 기반 코칭Presence-Based Coaching』에서 관계가 가진 힘을 정의했다. 두 사람 사이에 느껴지는 에너지를 흔히 분위기 또는 진동Vibration이라고 하는데, 이 에너지는 측정할 수 있다.[2]

감정이 만들어내는 에너지는 실체가 있다. 관계의 영역은 실제로 느껴질 정

1 —— Doug Silsbee, Presence-Based Coaching (San Francisco: Jossey-Bass, 2008), 2.
2 —— Rollin McCraty, The Energetic Heart: Bioelectromagnetic Interactions within and between People (Boulder Creek, CA: HeartMath Institute, 2003).

도로 강력하다.

신경계는 라디오 수신기처럼 작동한다. 우리는 함께 있는 사람의 감정 파동을 받아들인다. 칼 융Carl Jung은 "두 인격의 만남은 두 화학 물질의 접촉과 같다"라고 말했다.[3] 사람들이 상호작용할 때 뇌 사이의 공간에서는 어떤 일이 일어나는데, 서로의 프레즌스를 어떻게 느끼는 가에 따라 서로 연결되거나 분리된다. 우리는 열거나 닫는다.

이때 둘의 감정은 같은 무게가 아니다. 대화에서 사회적으로 우세한 사람의 감정이 더 큰 영향을 미친다.[4] 고객의 지위에 위협받지 않는 한, 코치는 코칭 대화에서 사회적으로 더 우세한 사람이다. 코치가 감정을 감추는 데 능숙하더라도, 고객은 코치가 느끼는 감정에 영향을 받을 것이다.

코칭은 고객으로 하여금 불확실하고 취약하며 불안정한 감정을 불러일으킬 수 있기 때문에, 고객이 어떤 감정을 경험하든지 안전감을 유지하도록 코치의 감정적인 톤을 의식적으로 설정하고 유지해야 한다.

3 —— Carl Jung, Modern Man in Search of a Soul, trans. W. S. Dell and Cary F. Baynes (London: Routledge Press, 2001), 49.
4 —— 다니엘 골먼, 『SQ 사회지능』, 장석훈 옮김, 웅진지식하우스, 2006.

코치의 감정과 고객에 대한 존중이 고객의 학습 의지와 용기에 영향을 미치기 때문에, 고객이 코치와 함께 한다는 것에 심리적으로 안전하다고 느끼는 것이 중요하다.

심리적 안전감

우리의 뇌는 위협에 민감하고, 우리는 위험을 예민하게 감지한다. 코치는 고객이 마음속에 있는 것을 말할 수 있을 만큼 안전한 환경을 조성할 책임이 있다. 직원 몰입Employee engagement 전문가인 윌리엄 칸William Kahn은 심리적 안전감을 "자신의 이미지, 지위 또는 경력의 부정적 결과를 두려워하지 않고 자신의 본연의 모습을 보여주고 활용할 수 있는 상태"로 정의했다.[5] 코치는 고객이 자신을 있는 그대로 편안하게 느낄 수 있고 마음 속에 있는 것을 말할 수 있을 만큼 안전한 공간을 조성할 책임이 있다.[6]

신뢰와 심리적 안전감은 같은 것이 아니다.

---

5 —— William A. Kahn, "Psychological Conditions of Personal Engagement and Disengagement at Work," Academy of Management Journal 33, no. 4 (2017): 708.
6 —— 마샤 레이놀즈, 『디존: 불편한 질문이 모두를 살린다』.

고객이 코치의 말을 신뢰할 수 있다. 코칭에서 나눈 대화를 비밀로 유지해 줄 것이라고도 믿을 수 있다. 그러나 신뢰하는 상태여도 코치에게 자신을 완전히 표현하기에는 안전하지 않다고 느낄 수도 있다.

고객은 "내 생각을 공유하면 비웃거나 내가 틀렸다고 느끼게 되지는 않을까?" 혹은 "내 두려움과 열망을 드러내면 웃음거리가 되지 않을까?"하고 생각할 수 있다. 이러한 질문에 "아니오"라는 대답이 나오게 하려면 고객이 코치의 배려를 느끼고, 고객의 경험과 관점이 고객에게 유효하다는 것을 받아들이며, 고객이 앞으로 나아갈 길을 찾을 수 있을 만큼 똑똑하고 지혜롭다는 것을 믿어야 한다. 코치가 두려움, 조급함을 느끼거나 판단하려고 한다면, 코치의 선한 의도는 사라진다.

코치의 말보다 코치의 감정과 긍정적인 배려가 고객이 느끼는 안전감에 더 큰 영향을 미친다.

최근 몇 년 동안 연구자들은 심각한 트라우마를 경험한 환자를 포함해, 치료 중인 환자가 어려운 대화에 완전히 참여할 수 있을 만큼 충분히 안전하다고 느끼는 '치료 현장에서의 프레즌스Therapeutic presence'의 가치를 측정해 왔다. 이 프레즌스는 내담자와 치료자 모두가 신뢰하고 안전하다고 느끼는 신경생리학적 상태로 설명될 수 있다. 이 상태에서는 성장과 변화를 위한 최적의 조건이 만들어지면서, 자신을 보

호하고 방어하는 것이 좀 누그러진다.[7]

치료 현장에서 프레즌스를 실천할 때, 당신의 자세, 비언어적 표현, 목소리를 주의할 필요는 없다. 대신, 호기심, 배려, 용기를 가지고 신경계를 구성하는 세 가지 주요 기관인 의식Mind, 가슴Heart, 육감Guts, 肉感을 열어 놓아야 한다. 코치가 느끼는 감정은 팔을 어떻게 하는가보다 안전감을 확립하는데 더 강력한 영향을 미친다. 또한 팔이나 다리의 위치를 정하거나, 등받이에 기대거나, 걱정스러운 표정을 짓거나, 눈을 맞추는 것에 대해 생각하는 시간은 코치의 머릿속에 있는 머무르는 시간이지, 같이 있는 고객과 함께 존재하는 시간이 아니다.

호기심, 배려, 용기를 갖고, 신경계 중심을 열고 상대방의 잠재력에 대한 믿음을 갖는다면, 팔짱을 끼든 안 끼든 코치의 비언어적인 행동에는 진심 어린 관심과 수용이 느껴질 것이다. 매력적이고 편안한 분위기 속에서 코칭하기 위해서는 코치의 내면 공간을 관리해야 한다.

3부에서는 2부에서 제시한 다섯 가지 실천 방법을 효과적으로 실행하기 위해 필요한 세 가지 멘탈 습관을 다루고 있다. 세 가지 멘탈 습관은 심리적 안전감을 형성하는 데 도움이 되는 것이다. 코칭에서 마스터의 수준이 되기 위해서는 다음 ARC를 실천하는 것이 필요

7 —— Shari M. Gellar and Stephen W. Porges, "Therapeutic Presence: Neurophysiological Mechanisms Mediating Feeling Safe in Therapeutic Relationships," Journal of Psychotherapy Integration 24, no. 3 (2014): 178-192.

하다.

1. 뇌를 조율하라Align your brain

2. 그냥 듣는 것이 아니라 받아들여라Receive, don't just listen

3. 판단을 알아차리고 놓아주어라Catch and release judgment

일반적으로 스토리에서의 아크Arc는 책, 영화 또는 TV 프로그램에서 모든 챕터와 에피소드에서 짜이고 펼쳐지는 스토리의 주요 흐름이다. 위에서 말한 멘탈 습관을 적용하는 코칭 ARCAlign your brain. Receive Catch and release judgment도 마찬가지로 모든 세션의 핵심이다. 코칭 스킬을 마스터하고자 하는 코치라면, 앞으로 나올 세 가지 멘탈 습관을 훈련하면 좋을 것이다.

8장

뇌를 조율하라

주의를 기울인다는 것은 생각을 멈추고,

생각과 거리를 두고, 비우며, 관통할 준비가 된 상태를 말한다.

아무것도 추구하지 않고 기다리되

받아들일 준비가 되어 있는 상태이다.

...

(시몬 베일 Simone Weil)

흔히들 연습이 완벽을 만들고, 만 시간을 연습하면 마스터가 될 수 있다고 믿는다. 다만 많은 연구에서 이에 대해 이의를 제기한다.[1] 연습은 코칭을 포함한 모든 성과를 더 쉽고 효과적으로 만들어 주지만, 코칭하는 동안 온전히 존재하는 것은 마스터의 영역에 들어가는 데 중요한 요소이다.

코칭에서 온전히 존재하기 위해서는 코칭 상호작용에서 일어나는 그 순간을 육체적으로나 정신적으로 자각하는 습관을 길러야 한다.

---

1 —— Kenneth Nowack, "Facilitating Successful Behavioral Change: Beyond Goal Setting to Goal Flourishing," Consulting Psychology Journal 69, no. 3 (2017): 153-171.

상호작용 외에는 아무것도 존재하지 않는다. 생각이 머릿속을 떠돌아다닐 수는 있지만, 머물지는 않는다. 우리는 이것을 코칭 프레즌스라고 부른다.

코칭 프레즌스Coaching Presence 훈련은 마음과 몸 안팎에서 무슨 일이 일어나고 있는지 알아차리는 '마음챙김 훈련'에 비유되어 왔다. 마음챙김을 개발하면 생각과 몸의 감각이 언제 일어났는지 알아차리고 그것이 통과할 수 있도록 도와준다. 코칭에서 마음챙김을 사용하면 코치는 자신의 생각과 반응을 알아차리고, 숨을 쉬고, 고객과 함께 존재하게 된다. 코치는 고객이 무엇을 필요로 하는지 아는 대신 호기심을 갖는 것을 선택하고, 해결책을 찾기 위해 애쓰는 대신 인내심을 갖는 것을 선택하며, 도움을 주는 대신 용감하게 기꺼이 조용히 있기를 선택한다.

코칭 프레즌스에는 두 가지 이점이 있다. 첫째, 고객이 말과 표정으로 표현한 것을 받아들일Receive 수 있다. 둘째, 코치의 열린 프레즌스는 정직하고 탐험적인 대화를 나누는 데 필요한 심리적 안전감을 제공한다.

다음 세 단계는 당신의 뇌를 조율하는 데 도움이 된다.

1. 당신이 느끼고 싶은 방식을 선택하라

2. 파트너십의 의도를 기억하라

3. 고객의 잠재력을 믿어라

코치에게는 코칭 대화에 참여하기 전에 뇌를 조율해 프레즌스를 확립하는 것이 중요하다. 코치의 프레즌스는 코치의 말보다 훨씬 더 안전하고 열린 분위기를 만든다. 대화 중에도 필요하다면 의식적으로 뇌를 재조정해 조율을 유지해야 한다. 코치가 자신의 생각으로 산만해지면 재빨리 다시 현재에 집중해야 한다.

당신이 느끼고 싶은 방식을 선택하라

코치의 감정은 말보다 더 큰 영향을 미치기 때문에, 고객을 만나기 전에 느끼고 싶은 감정을 의식적으로 선택해야 한다. 어떤 기분을 느끼고 싶은지에 대해 생각만 하는 것이 아니라, 느끼고 싶은 감정을 선택하고, 이를 되뇌고 호흡함으로써 의도적으로 신체 상태를 변화시킨다. 코치가 선택한 감정으로 몸을 채우는 것이다.

나는 1998년에 최고의 운동선수들이 압박감 속에서도 경기를 잘 수행하기 위해 무엇을 하는지에 대한 연구를 바탕으로, 전문가들이 자신의 탁월한 영역을 찾게 하는 프로그램을 만들어 달라는 요청을 받았다. 그래서 나는 스포츠 심리학에 관한 연구를 검토하고 여섯 개 스포츠 분야의 최고 선수들이 현재에 온전히 존재하는 기술을 마스터하는 방법에 대해 인터뷰했다. 나는 최고의 선수들이 그들의 '존Zone'에서 경기를 할 때, '이긴다'는 생각을 포함해 아예 아무것도 생각하지 않는다는 것을 발견했다. 승리에 대한 생각조차도 뇌로 하여금 패배의 가능성을 고려하게 만든다. 대신 선수들은 마음을 비우고 가장 좋아하는 일을 즐기면서 몸이 자유롭게 움직일 수 있도록 했다.[2]

이러한 정신상태를 '몰입Flow'이라고 한다. 자신이 하고 있는 일에 완전히 몰두해 시간과 공간에 대한 감각을 상실하고, 다른 것들은 중요하게 여겨지지 않는 상태를 말한다. 몰입의 개념을 명명한 심리학자 미하이 칙센트미하이Mihaly Csikszentmihalyi는 이 경험을 최적의 의식 상태이자, 순간을 즐기면서 최고의 성과를 발휘하는 상태라고 정의했다. 칙센트미하이는 우리가 이 상태에서 무슨 일이 일어나고 있는지는 알지만 "반사적이고 본능적인 방식으로 반응한다… 감각이 우리에게 말하는 것을 의도적으로 심사숙고하고 그에 따라 반응할 수 있다"라고 말했다.[3] 몰입할 때 생각은 필요하지 않다.

칙센트미하이의 연구는 마음챙김과 감정이 결과에 미치는 영향에 대한 수많은 연구와 저술로 이어졌다. 그리고 대부분의 연구에서 감정은 몰입할 때 나타나는 결과였다. 이후 다른 연구자들은 연민이나 평화와 같은 감정을 회상하는 것이 우리가 몰입 상태에 들어가는 데 도움이 될 수 있다고도 제안했다. 감성 지능에 대한 연구를 기반으로,

---

2 —— Michael Murphy and Rhea White, In the Zone: Transcendent Experience in Sports (New York: Penguin, 1995).

3 —— 미하이 칙센트미하이, 『몰입』, 최인수 옮김, 한울림, 2004.

이제 많은 감정이 몰입감을 유발하는 생체화학적 변화를 촉발할 수 있다는 것을 알게 되었다. 이러한 감정 중 일부는 행복, 만족, 사랑, 감사, 감동 및 호기심이다.

운동선수들에게 몰입 상태일 때 기분이 어땠는지 묻자, 평화롭고 자신감이 있었다고 말했다. 일부는 감사함을 느꼈다고 말했다. 운동선수들은 몰입 상태일 때 기분에 대해 생각하지 않았지만, 자신의 감정이 몰입 상태를 유지하는 데 중요하다고 느꼈다. 혹여라도 두려움에 빠지게 되면, 몰입에서 벗어나게 된다.

코칭의 몰입 상태에 들어가려면 의식Mind을 비우는 것뿐만 아니라, 대화를 통해 느끼고자 하는 감정을 한두 가지 선택해야 한다. 코치는 호기심과 배려심, 침착함과 용기, 또는 감사와 낙관을 선택할 수 있다. 이때 선택하는 감정은 현재에 머무르는 데 도움이 되는 것이어야 한다. 각기 다른 고객의 욕구를 고려할 때 코치가 선택하는 감정은 변경될 수 있다. 이 챕터의 마지막 부분에는 이러한 감정을 몸속에 채우기 위한 존재감 확립 루틴Presencing Routine 네 단계가 나와 있다.[4]

코칭하는 동안 온전히 존재하는 것은 라포Rapport를 형성한다. 코치는 더 많은 말을 듣고, 작은 감정의 변화도 더 민감하게 알아차리면,

---

4 —— arcia Reynolds, Outsmart Your Brain: How to Master Your Mind When Emotions Take the Wheel (Phoenix: Covisioning, 2017), 44-54.

그 결과로 고객은 코치와 함께 있을 때 안전하다고 느끼게 된다. 코치의 감정으로부터 나오는 에너지는 대화에 긍정적인 역동성을 더한다.

온전히 존재하는 기술을 훈련하는 동안에는 인내가 필요하다. 당신은 주의를 분산시키며 살아온 평생의 멘탈 습관을 극복하고 있는 중이다. 코치의 프레즌스가 성숙해짐에 따라, 고객과 함께 일할 때 느끼는 만족도도 함께 높아질 것이다.

파트너십의 의도를 기억하라

코치는 고객으로 하여금 파트너가 되는 것이 대화를 통해 앞으로 나아가는 최고의 방법을 발견하기 위함이라는 것을 알 수 있게 해야 한다. 고객에게 가장 좋을 것이라고 생각하는 특정한 방향으로 가도록 코치가 의도를 바꾸는 순간, 고객이 느끼는 안전감은 손상되거나 상실될 수 있다. 만약 고객이 코칭에 적극적으로 저항하지 않는다고 하더라도, 고객의 뇌 활동은 저하된다.

코치는 고객의 생각이 스스로 생명을 갖도록 놓아줘야 한다. 코치가 고객보다 먼저 방해요소를 감지할 수 있고, 고객이 특정한 행동과 결과를 결정하기를 바랄 수도 있다. 그렇지만 고객의 여정이 그들의 몫이라는 것을 결코 잊어서는 안 된다. 코치는 고객의 생각 파트너Thinking Partner이다. 방향을 선택하고, 선택지를 명확히 하고, 결정을 내리는 것은 고객이어야 한다.

> 만약 코치가 특정 결론으로 이끌고 있다고 느끼면, 고객은 코치에게 저항하
> 거나 수동적으로 따르거나, 혹은 정신적으로 멀어질 것이다.

또한 고객은 코치가 그들이 옳은 일을 하도록 설득하는 것이 아니라, 직면한 딜레마를 극복하는 것을 돕기 위해 코칭한다는 것을 알아야 한다. 또한 코치가 고객의 지성을 믿고, 자신의 이익이 아닌 고객의 선의를 위해 임무를 다하고 있다는 것을 알 수 있어야 한다. 이러한 코치의 의도는 고객이 취약하다고 느낄 때에도 안전감을 느끼도록 도와준다.

파트너십에 대한 코치의 의도를 유지하기 위해, 앞으로 펼쳐질 일에 대해 열린 마음으로 호기심을 가져라. 코치의 신념과 일치하는 대답을 찾는 것이 아니라, 코치와 고객이 함께 검토할 사고 패턴을 듣는 것이 목적이다. 코치는 고객의 전제가 옳은지 틀린지 판단하지 않으며 그것에 대해 궁금해할 뿐이다. 코치는 고객이 자신의 신념을 뒷받침할 증거를 찾는 동안, 고객의 추론에서 모순점을 발견할 수도 있다. 그래도 코치는 반영적 진술, 질문, 침묵의 순간을 통해 고객이 스스로 자신의 생각에 적절히 의문을 제기할 것이라고 믿어라. 고객은 그 대가로 코치를 신뢰할 것이다.

코치는 코칭의 의도가 어딘가에 도달하거나, 고객의 문제를 해결

하거나, 고객을 다른 누군가로 만드는 것이 아니라는 것을 기억해야 한다. 코치는 고객의 생각 파트너이다. 코칭의 목적은 고객이 이미 알고 있었을 해답을 찾기 위해 그들의 관점을 확장해 주는 것이다.

고객의 잠재력을 믿어라

인본주의 심리학자 에이브러햄 매슬로우Abraham Maslow는 사람이 의식과 창의성의 최대 잠재력을 깨우고 실현하기에 위해서는, 타인에게 배려받고, 수용되고, 존중받는다는 느낌이 필수적이라고 말했다. 우리는 모두 자신에게 귀 기울여주고, 이해받고, 중요하다는 느낌을 받기를 바란다. 그리고 우리 자신을 알기 위해서는 먼저 다른 사람들에게 자신을 보여줘야 한다.

요즘은 다들 휴대폰과 컴퓨터에서 눈을 떼지 못하기에 서로를 볼 수 없다. 우리는 서로를 거의 알지 못하며, 각자가 고유하고 놀라운 존재임을 받아들이지 않는다. 우리는 습관적으로 현실의 관계를 맺기 위해 시간을 짜낸다. 그러나 깊은 대화를 나누려고 하는 경우는 거의 없다.

사람은 누구나 다른 사람들과 함께 있을 때 자기 자신이 되기 위해 안전감을 추구한다. 코치가 문제를 해결하려고 하거나, 고객의 감정을 진정시키려고 하거나, 고객이 권한이 있다고 느끼도록 설득하려고 할 때, 이런 안전감은 사라진다. 이러한 행동들은 코치가 고객이 불충분하다고 믿고 있다고 생각하게 할 수 있다. 고객은 코칭 대화가 고객을 도와주려고 하거나 계획적으로 느껴질 가능성이 조금이라도 있다고 느끼면, 방어적이 되거나 회피할 수 있다. 이러한 상황에서 연결은 끊어지게 된다.

> 고객이 자신만의 방법을 발견할 능력에 대한 믿음을 잃게 되면, 고객은 더
>
> 이상 대화에서 완전히 존중받는 파트너가 아니게 된다.

저널리스트 요한 하리Johann Hari가 말하는 것처럼, 사람들은 스스로 문제를 해결할 잠재력을 가지고 있다는 믿음이 없으면 상호작용할 때 보이지 않는 '연결성의 패러디Parodies of Connection'를 만들어 낸다.[5] 코칭에서 권력 역동은 파트너링Partnering으로부터 멀어지게 되고, 고객들은 대화를 마치고 배신감이나 좌절감을 느끼게 된다. 이것은 이후 연결하려는 시도를 더욱 어렵게 만든다. 고객의 문제를 해결하려는 욕구에 굴복할 때 코치와 고객 모두 손해를 입게 된다.

사람들은 스스로를 가치 있게 느껴야만 성장을 위해 온전히 참여

---

5 ——— Johann Hari, "Everything You Think You Know about Addiction Is Wrong," TEDGlobalLondon, June 2015, https://www.ted.com/talks/johann_hari_everything_you_think_you_know_about_addiction_is_wrong.

하고 열린 마음을 가질 수 있다. 다른 사람들이 내가 누구인지, 내가 하는 일을 중요하게 여긴다는 것을 느낀다는 것은, 사람이 어려운 딜레마에 직면했을 때에 동기부여의 원동력이 된다. 따라서 고객의 잠재력에 대한 코치의 믿음, 즉 고객이 창의적이고, 자원이 풍부하며, 온전하다는 코치의 믿음은 코칭의 결과에 결정적인 역할을 한다.

> 사람들에게 과제와 숙제를 주는 것으로 권한을 부여할 수 없다. 개인의 힘Personal power은 사람들이 자신이 인정받고, 배려받고, 존중받는다고 느낄 때에야 비로소 내면에서 비롯된다.

교류하는 모든 사람들로부터 잠재력을 발견하는 훈련을 하라. 다음에 누군가를 만날 때, 그 사람과 눈을 맞추어라. 당신이 그들의 말에 동의하든 그렇지 않든 상관없이 당신 앞에 있는 인간을 존중하라. 그들이 자신이 알고 있는 지식으로 생존하고 성공하기 위해 최선을 다하고 있다는 것을 당신이 알고 있기 때문이다. 당신이 그들이 알 수 있는 더 많은 것을 깨달을 수 있도록 돕기를 바란다.

기억해야 할 핵심 요점

문제가 아닌, 사람을 성공적으로 코칭하기 위해선 활기찬 유대감이 필요하다. 이를 형성하도록 뇌를 조율하기 위해 기억해야 하는 핵심 요점은 다음과 같다.

▸　프레즌스는 자신과 상대방, 그리고 그 사이의 공간에서 일어나고 있는 일을 인식할 수 있게 해준다.

▸　심리적 안전감을 형성하기 위한 코칭 대화 전에 코치의 뇌를 준비하는 세 가지 단계가 필요하다.

1. 당신이 느끼고 싶은 방식을 선택하라.

2. 파트너십의 의도를 기억하라.

3. 고객의 잠재력을 믿어라.

▸　코칭 대화 이전과 코칭 대화 중간에 선택하는 감정이 코치의 말보다 결과에 더 큰 영향을 미친다.

▸　진정으로 고객의 생각을 돕고자 한다면, 고객이 생각을 자유롭게 발휘할 수 있도록 해야 한다. 일어나는 일에 대해 열린 마음과 호기심을 유지하라.

▸　코칭 대화에서는 학습과 성장에 대한 의지를 불러일으키기 위해 고객에 대한 존중감을 느끼는 것이 필요하다. 고객의 존재를 인정하고, 잠재력을 믿어야 한다.

이런 멘탈 상태가 자연스럽게 느껴질 때까지 정기적으로 뇌를 조율하는 연습을 하라. 하루를 시작하기 전, 어떤 대화를 준비할 때, 이메일에 답변하기 전, 잠에 들기 전까지 틈날 때마다 뇌를 조율하는 연습을 해보라. 그러면 감정이 일어날 때 자신의 마음을 통제할 수 있다.

뇌를 조율하는 습관: 존재감 확립 루틴 Presencing Routine

코칭 대화를 시작하기 전이나 언제든지 생각과 감정에 방해받을 때, 이 네 단계의 존재감 확립 루틴을 사용해보자.

1. 몸을 이완시키기
2. 머릿속의 생각으로부터 거리두기
3. 의식을 중심화하기
4. 느끼고 싶은 감정에 초점 맞추기

1단계. 몸을 이완시키기

우선 몸의 긴장을 풀어 마음을 비우고 감정을 전환할 준비를 하자.

일상생활에서의 스트레스는 몸에 나타난다. 근육이 긴장되고, 숨이 멈추거나 느려지며, 턱을 꽉 조이게 되고 위가 울렁거리며 어깨가 귀 쪽으로 올라가는 것을 느낄 수 있다. 스스로에게 "진정해라"하고 말하는 것은 몇 초 동안만 도움이 될 뿐이다. 뇌에서 일어나는 것을 제어하려면 생물학적 상태를 적극적으로 전환해야 한다.

먼저, 호흡에 집중하라. 스트레스를 받으면 호흡을 멈추거나 짧게 들이마시게 된다. 스트레스를 가장 빠르게 이완하는 방법은 숨을 들이마시고 내쉬면서, 호흡을 정상적이고 자연스러운 리듬으로 돌려놓는 것이다.

다음으로, 목, 등, 팔, 다리의 긴장을 풀어준다. 만약 긴장을 느끼는 특정 부위가 따로 있다면, 그 부위부터 푸는 것이 좋다. 숨을 들이마시면서 그 부위를 이완시킨다. 어느 부위에 집중해야 할지 모르겠다면 몸을 전반적으로 스캔해보며 몸의 각 부분의 긴장을 푸는 것이 좋다. 이마와 턱부터 시작해서 어깨, 가슴, 복부, 팔, 다리 순서로 긴장을 풀어주자. 하루 중 여러 차례 숨을 들이마시면서 긴장을 푸는 습관을 들이면 에너지를 더 효과적으로 사용할 수 있다.

이완된 상태를 유지하기 위해, 긴장을 푸는 활동에 꾸준히 참여하라. 명상, 요가, 그 외 진정에 도움이 되는 훈련을 시도하는 것도 좋다. 재미있는 팀 스포츠에 참여하거나 좋아하는 운동을 해보라. 춤을 출수도 있다. 공원 산책이나 사막 하이킹, 자녀나 애완동물과 놀거나 좋아하는 취미를 위해 시간을 내는 것과 같이 즐거움과 감사를 불러일으키는 활동을 찾아보라.

개인적으로, 나는 휴대폰에서 "좋아하는 사진" 앨범을 보는 것으로 긴장을 해소한다. 사진을 보면 즐거움과 감사함이 샘솟는데, 마치 내 몸 전체에 즉각적으로 기분 좋은 느낌이 퍼지는 것 같다.

인생을 의도적으로 더 천천히 살아갈 수도 있다. 더 천천히 음식을 먹고, 더 여유롭게 운전하며, 부드러운 걸음으로 걷는 것도 좋다. 머릿속을 깨끗이 비우기 위해서는 몸도 가볍게 유지하는 것이 중요하다.

2단계. 머릿속의 생각으로부터 거리두기

몸을 이완시킨 후, 머릿속에 떠도는 생각으로부터 거리를 두고 마음을 자유롭게 해보라. 코칭에서 코치 자신의 영향력에 대한 걱정, 지속적인 관계에 대한 불안, 코칭 외부의 문제 등 마음속 잡다한 생각들을 청소해보라. 마음이 맑아져야만 코칭의 몰입 상태에 진입할 수 있다.

단지 즐거움을 위해 무언가를 할 때, 이러한 현상이 작용하는 것을 볼 수 있다. 당신이 아무것도 잃을 것이 없을 때, 최선을 다할 가능성이 높다. 최고 수준의 연설을 하거나, 자유롭게 춤을 추거나, 영감을 주는 글을 쓸 수 있다.

마음을 비우는 훈련을 시작하기 위해, 1분 동안 주변의 세상을 관찰하면서 생각을 멈춰라. 마음이 방황하거나 판단, 분석, 평가를 시작하면 그냥 그 생각을 흘러가게 두어라. 60초 동안 주변에 어떤 세상이 있는지 세부사항에 집중해서 관찰하라. 그리고 다음 날에는 훈련 시간을 2분으로 늘려보라. 매일 머릿속에 생각이 차오르기 전까지 얼마나 오래 버틸 수 있는지 확인해 보라.

3단계. 의식을 중심화하기 Center Your Awareness

많은 동양 철학들은 마음의 진정한 중심Center이 몸의 중심에 있다고 가르친다. 여기에 도달하기 위해서는 의식Awareness을 머리에서 몸의 중심으로 옮기는 것이 필요하다. 이를 '센터링Centering'이라고 한다.

운동 선수, 공연가, 무술가들은 의식을 효과적으로 몸의 중심으로 이동시키는 방법을 배운다. 일부 사람들은 복부를 공기로 채울 때 호흡의 바닥 부분에 집중해 몸의 중심을 찾기도 한다. 내가 제자들에게 가르치는 방법 중 하나는, 과거 자신이 두려움에도 불구하고 일어서거나 말했던 순간을 상기하고 그 때 몸의 중심에서 발산되는 힘을 느끼도록 하는 것이다. 용기를 느끼면 몸의 중심이 열리게 된다.

매일 하루에 한 번, 눈을 감고 깊게 숨을 들이마시며 몸의 중심에 주의를 기울이는 시간을 가져 보라. 가능한 한 오래 그곳에 의식을 두어라.

의식을 머리에서 몸의 중심으로 옮겨 몸의 중심에 집중하는 것에 익숙해지면, 다양한 활동을 훈련에 접목시켜보자. 운동을 하거나, 책을 읽거나, 음악을 듣거나, 하이킹을 할 때 의식적으로 몸의 중심에 집중해 보도록 하자. 이 방법으로 당신은 더 많은 것들을 보고, 듣기 시작할 것이다. 갈수록 당신은 더욱 강해지고, 평온해질 것이다.

이 경지까지 오면, 센터링을 사회적 상호작용에 적용할 수 있다. 몸의 중심에서 말하고 듣는 것만으로도 다른 사람들과의 관계가 좋아진다. 사람들은 당신과 함께 있을 때 더 안전한 느낌이 들고 당신이 말하는 것을 더 명확하게 듣게 될 것이다.

현재에 머무르는 것이 어려울 때는 한 손을 복부에 가볍게 올려놓고 손가락으로 복부를 두드려보라. 이렇게 하면 머리가 아니라 몸에 집중하게 된다. 자신이 호흡을 하고 있다는 것을 떠올리는 것도 도움이 된다.

센터링도 하나의 새로운 습관들처럼 매일 훈련하는 것이 필요하다. 스스로에게 센터링을 익힐 수 있는 충분한 시간을 주어라. 위협적이지 않은 상황에서 훈련을 시작하라. 일상적으로 매일 꾸준히 훈련해 센터링이 기술이 아닌 습관이 되도록 하라.

4단계. 느끼고 싶은 감정에 초점을 맞추기

완전히 이완하고, 머릿속의 생각으로부터 거리를 두고, 의식을 센터링한 후, 코칭을 할 때 느끼고 싶은 감정 한 두 가지를 선택해보라. 고객과의 상호작용이 끝났을 때, 고객들이 어떤 감정을 느끼기를 원하는지 고려해보라. 고객이 희망, 호기심 또는 자부심을 느끼기를 원한다면, 코치는 코칭 중에 그 감정에 초점을 맞출 수 있다.

나는 코칭을 하기 전 '호기심'과 '배려'라는 감정을 선택하고 호흡하며 감정을 불어넣는다. 이 단어들을 내 시야 안에 있는 종이에 적어둔다. 만약 내가 혼란스럽거나 조언하고 싶은 충동을 느낄 때, 종이를 한번 쳐다본다. 그리고 고객에게 호기심과 배려를 느끼며 호흡을 한다. 그러면 항상 적절한 말들이 떠오른다.

9장

그냥 듣지만 말고, 받아들여라

진정한 듣기란

상대방이 당신을 바꿀 수 있도록 허락하는 것이다.

...

(앨런 알다Alan Alda)

나는 "더 잘 경청하기 위한 다섯 가지 방법5 Ways to Listen Better"이라는 줄리안 트레저Julian Treasure의 인기 있는 TED 강연을 보며, 'Receive'가 듣기의 형식으로 처음 사용되는 것을 들었다.[1]

줄리안 트레저 듣기 공식은 RASA로, 이는 받아들이기Receive, 인정하기Appreciate, 요약하기Summarize, 질문하기Ask의 약자이다.

나는 리더들을 대상으로 1~2일 동안 '용감한 코칭 워크숍Courageous coaching workshop'을 진행할 때, 리더십 대화에서 코칭 접근

---

1 —— Julian Treasure, "5 Ways to Listen Better," TEDGlobal, July 2011, https://www.ted.com/talks/julian_treasure_5_ways_to_listen_better.

법을 사용하는 방법으로 RASA공식을 가르친다. 리더들은 상대방의 관점을 완전히 수용하고 인정하는 것이 어떤 느낌인지를 경험하기 위한 연습을 한다. 대부분의 리더들은 조언과 충고를 하지 않는 것에 대해 어려움을 느꼈다.

그러나 판단을 배제하고, 들은 것만으로 상대방의 경험을 인정하는 개념은 리더들이 현재에 머무를 수 있도록 도왔다. 그리고 이어서 요약하고 간단명료한 질문만을 하도록 요구하면, 리더들은 자신들이 듣고 있는 상대방에게 집중할 수 있게 된다.

> 그냥 듣는 것뿐만 아니라 상대방을 온전히 받아들이는 것은, 문제가 아니라
> 사람을 코칭하기 위한 반영적 진술을 사용하는 데 있어서 매우 중요하다.

받아들이는 행위란Act of receiving 고객이 제공하는 것을 받아들이는 것을 의미한다. 코치는 고객의 말을 듣고, 표정과 자세의 변화를 주시하며 감정의 미묘한 변화를 포착하고 말하지 않은 것이 있는지 감지한다. 코치가 고객을 있는 그대로 받아들이고 존중하며 그들이 느끼고 있는 것을 인정할 때, 더욱 마음을 열고 함께 탐구할 가능성이 높아진다.

듣기에 대해서

일상적인 상호작용에서 듣기Listening의 숨은 의도는 당신의 욕구를 충족할 정보를 모으는 것이다. 심지어 당신이 협력적인 의도로 말한다고 해도, 당신은 머릿속에서 상대방과 여전히 거리를 두고 있을 것이다. 그러다 보면 당신과 대화한 사람은 대화 이후에는 당신과 연결된 느낌을 전혀 느끼지 못할 것이다.

당신은 다음과 같은 목적으로 사람들의 이야기를 듣는다.

1. **정보를 수집하기 위해.** 코치는 보통 다음에 말하거나 할 것을 알기 위해 듣는다. 일반적으로 코칭 이외의 상황에서는 논리를 전개하기 위해, 상대방의 시각과 비교하기 위해 듣거나, 무언가를 놓치고 있다고 생각될 때 자신의 견해를 다듬기 위해 듣는다. 코칭을 할 때는 대안을 탐색하기 위해 충분한 정보를 얻을 때까지 듣는다.

2. **대답하거나 문제를 해결하기 위해.** 다른 사람들이 자신들의 이야기를 충분히 나눈 후에 조언을 해 주기 위해 그들의 이야기를 듣는다.

3. **규정을 준수하기 위해.** 상대방의 이야기를 최소한의 시간만큼은 들어주는 것이 상대방에게 관심이 있다는 것을 표명하는 올바른 행동이라고 생각하기 때문에 듣는다. 당신은 해야 하기 때문에 듣는 것이지, 원해서 듣는 것이 아니다.

인지적 인식

사람들은 다른 사람들에게 귀를 기울일 때, 인지적 인식Cognitive awareness을 사용하게 된다. 이때, 들은 것을 해석해서 사람들이 무엇을 말하려는지 이해하려고 노력한다.

우리는 상대방의 표정에서 감정적 변화를 느낄 수 있지만, 표정을 정확하게 해석하기는 어렵기 때문에 그들의 반응을 분석하려는 경향이 있다.[2] 사람들이 말하거나 지각적으로 표현하는 것이 아닌 상호작용에서도 엄청 많은 일이 일어난다.

인지적 인식에만 의존하면 고객의 시각에서 고객의 이야기를 이해하기 위한 정보 수집에 집중하는 것이다. 인지저 청취는 종종 해결책을 찾기 위해 문제를 진단하게 하고, 코칭은 선택지와 결과를 찾아내기 위해 표면을 훑게 된다.

받아들이기

누군가와 함께 존재하고 연결되기를 선택할 때, 코치는 분석적 뇌를 넘어서 듣게 된다. 의식Mind뿐만 아니라 가슴Heart, 육감Gut, 肉感과 함께 열린 마음으로 받아들이도록 신경계를 연다. 고객은 귀 기울여

---

2 —— Alice Park, "Emotions May Not Be So Universal After All," Time, March 6, 2014, https://time.com/14478/emotions-may-not-be-souniversal-after-all/.

준다는 느낌과 가치 있게 여겨준다는 느낌을 받으면 변화를 경험할 수 있다.[3]

받아들이기 Receiving 위해서는 분석을 중단해야 한다. 고객의 말, 표정, 감정을 경험의 요소로서 받아들이고 수용하자. 코치는 고객이 현재의 시각에서 유효한 이야기를 제시하고 있다는 것을 인정할 뿐. 자신의 의견이나 판단을 덧붙여서는 안 된다.

코치는 다음과 같은 목적으로 고객의 이야기를 받아들인다.

1. **상대방과 연결하기 위해.** 연결을 확립하기 위해 듣는다. 대화하면서, 고객의 말이나 비언어적 행동 이상을 받아들이기 위해 현재에 머무른다. 다음에 올 것이 무엇인지 알고 싶어 하는 충동에 저항한다. 고객들은 코치가 모르는 것에 대해 편안하게 대응하는 것을 감사하게 생각할 것이다.

2. **상대방을 소중하게 생각한다는 것을 보여주기 위해.** 고객이 귀 기울여 주고 있다는 느낌을 받고 이해받고 중요하게 여겨준다는 것을 느낄 수 있도록 듣는다. 또한, 고객이 말하는 것을 가치 있게 여기고 코치의 시각과 다를 때에도 공감 능력을 확장한다.

---

3 —— Grant Soosalu and Marvin Oka, "Neuroscience and the Three Brainsof Leadership," mBraining, 2012, https://www.mbraining.com/mbit-and-Leadership.

3. **상대방과 관계를 강화하기 위해.** 다른 사람과 함께하기 위해 듣는다. 우리는 종종 친구들과 이렇게 시간을 보낸다. 고객이 소중한 친구인 것처럼 들을 수 있는가?

4. **함께 탐험하고 배우며 성장하기 위해.** 코치는 앞에 있는 놀라운 인간으로부터 배우기 위해 호기심을 가지고 듣는다. 대화가 새롭고 예상치 못한 방향으로 나아갈 때 즐거움을 느낀다. 이러한 방식으로 다른 사람과 연결되는 것은 멋진 일몰을 감상할 때나 아름다운 협곡을 바라볼 때 느끼는 연결과 같다. 또는 유성이 떨어져서 밤의 어둠 속으로 사라질 때 느끼는 연결과도 같다.[4] 코치가 알고 있는 것을 놓아버리면, 코칭을 하면서도 코칭의 마법을 관찰할 수 있다.

받아들이기는 수동적인 것이 아니라 능동적인 행동이다. 완전히 받아들이려면, 코치의 감각적인 반응과 함께 멘탈의 활동에 대해서도 인식해야 한다. 감각적 인식을 통해, 코치는 고객이 말하는 말 이상으로 상황을 받아들이고 파악할 수 있다.

---

4 —— Shaun Gallagher et al., The Neurophenomenology of Awe and Wonder: Towards a Non-reductionist Cognitive Science (Basingstoke, UK: Palgrave Macmillan, 2015), 22-23.

감각적 인식

감각적 인식Sensory Awareness은 대화중에 나타난 코치의 반응에 대한 내적 인식을 포함한다. 이는 고객의 말이나 고객으로부터 받은 에너지에 대한 반응일수도 있다.

코치는 고객이 명확히 표현하기 어려워하는 욕망, 실망, 욕구, 좌절, 희망 및 의심을 감지할 수 있다. 이를 위해서는 신경계의 세 가지 주요 기관인 의식, 가슴, 육감에 모두 접근해야 한다.

이번 장의 마지막에 있는 훈련 방법에서 세 가지 주요 기관을 모두 열기 위한 시각화 방법을 제시할 것이다. 민감하다는 것은 약하다는 것이 아니라, 무슨 일이 일어나고 있는지 감각적으로 인식하는 것을 의미한다. 코치는 사람들이 갈등, 고통 또는 자극을 느낄 때 이를 감지할 수 있다. 반려동물과 사는 많은 이들도 그들이 자신의 감정을 알아차린다고 얘기한다. 일반적인 사람도 이러한 감정적인 진동을 알아차릴 수 있지만, 우리는 보통 그것에 신경을 쓰지 않을 뿐이다.

이는 아마도 어릴 때 감각적 인식을 무시하도록 배웠기 때문일 것이다. "너무 개인적으로 생각하지 마라" 또는 "더 강해져야 한다"라는 말을 한 번쯤은 다들 들어봤을 것이다. 이러한 것들로 인해, 우리는 듣거나 의미를 해석할 때 인지적 뇌에 더 의존하게 됐다.

다른 사람들이 내면에 깊숙이 들어올 수 있도록 허용하지 않으면, 다른 사람들을 완전히 경험할 수 없다. 내적으로도 외적으로도, 분리된 상태가 된다. 함께 있는 사람들에게 벽을 세우고 있는 것이다.

사람들이 자주 하는 질문 중 하나는, 특히 직장에서 감정의 영역으로 들어가는 것이 위험할 수 있다는 것이다. "감정이 나에게 영향을 미치는 것을 허용할 수 없어"라는 말을 듣곤 한다. 비즈니스 세계는 "오직 강한 자만이 경쟁에서 살아남는다"라고 말하는 격언들로 가득하다.

> 다른 사람이 느끼는 것을 충분하게 경험할 정도로 코치가 민감하게 느끼는 것이 가능해지면, 반영적 진술은 더 큰 영향력을 가진다.

고객이 경험하고 있는 것을 이해하기 위해 그들의 신체 언어와 목소리에 주의를 기울이는 것도 중요하지만, 서로 전달되는 감정의 에너지를 느끼면 코치는 보다 깊은 인식을 얻을 수 있다.[5]

이러한 에너지는 가슴이나 육감에서 느낄 수 있다. 이를 통해 코치는 고객이 침묵을 필요로 하고 코치가 묵묵히 기다려 주기를 원하는 순간과, 고객이 계속 이야기하기를 원하는지 다른 주제로 넘어가기를 원하는지를 알 수 있다. 또한 코치는 고객이 자신의 상황에서 최선을 다하고 있다고 인정받기를 원하는지, 그저 들어주기를 원하는지를

---

5 —— 대니얼 J. 시겔, 『아직도 내 아이를 모른다』 김아영 옮김, 알에이치코리아, 2020.

알 수 있다.

코치는 고객의 스트레스, 불안, 분노를 자신의 몸에서 느낄 수도 있다. 이러한 감정들을 코치의 몸 안에 내버려 두면 효과적으로 코칭하기가 불가능해진다. 공감Empathy은 다른 사람이 느끼는 감정을 감각적인 인식을 통해 받아들이는 것이지만, 코칭할 때는 이러한 감각들이 당신을 통과할 수 있도록 해야 한다. 그렇게 하면 4장에서 설명한 것처럼, 코치는 자신이 보고, 듣고, 느낀 것을 고객에게 공유하는 비반응적 공감Nonreactive empathy을 경험할 수 있다. 만약 코치가 고객의 감정을 느꼈다면, 몸을 이완시켜야 한다. 그리고 고객과 함께 온전히 존재하기 위해 감정이 가라앉을 수 있도록 허용해야 한다.

고객을 있는 그대로 받아들이고, 고객이 더 잘 이해할 수 있도록 코치가 보고, 듣고, 느낀 것을 공유하라. 고객이 자신의 감정을 풀어놓고 처리할 수 있는 안전한 공간을 확보하라.

호기심과 배려를 가지고 고객의 잠재력을 믿음으로써 현재에 머무르기 위해 뇌를 조율하는 연습을 하라. 고객이 말하는 것을 분석하거나 판단하지 말고 받아들여라. 그리고 받아들인 것을 공유해라. 고객이 느꼈다고 코치가 감지한 감정들을 놓아주어라. 코치의 존재는 연결, 안전감, 그리고 함께 새로운 길을 찾을 수 있는 열린 마음을 북돋아준다.

대화에서 감각적 인식을 구축하는 다섯 가지 단계

다음 단계는 코칭하는 동안 머리를 맑게 유지하기 위한 좋은 훈련이다. 코치는 이를 통해 고객의 말과 표현을 명확하게 받아들이고 고객이 고려해야 할 것들을 다시 제안할 수 있을 것이다.

1. **안팎으로 조용해져라.** 머릿속 생각과 잡음을 가라앉히면 감각이 깨끗해진다.

2. **알고 있다는 것을 놓아버려라.** 고객이 어떻게 반응할지 안다고 생각하는 대신, 무슨 일이든 일어날 수 있다고 믿어 보라. 당신은 놀랄 수도 있다. 안타깝게도, 누군가를 더 잘 알게 될수록 호기심을 잃게 될 가능성은 높아진다. 질문을 하면서 사람들이 무엇을 말할지 알고 있다는 생각을 내려놓을 수 있는가?

3. **옳다는 것에 대한 필요성을 버려라.** 고객의 관점을 이해하기 위해 호기심을 가지고 질문해라. 코치가 받아들인 것을 공유한 후에, 고객의 대답을 수용하라. 만약 고객이 동의하지 않는다면, 고객의 해석을 받아들여라. 고객은 자신이 느끼는 것을 생각해 볼 시간과 공간이 필요할 수도 있다.

4. **머리뿐만 아니라 가슴과 육감으로도 들어라.** 대화를 시작하기 전에, 연민이나 감사와 같은 감정을 느끼며 가슴을 열어라. 그런 다음, 용기를 느끼며 육감을 열어라. 이 습관은 다음 페이지에 나오는 시각화를 사용해 길러볼 수 있을 것이다.

5. **직관을 시험해 보라.** 코치의 가슴이나 육감에서 감각을 느낄 때, 분노, 좌절, 슬픔, 갈망과 같은 고객이 느낄 것이라고 생각하는 감정을 공유하라. 고객이 동의하든 동의하지 않든 고객의 반응을 수용하라. 만약 틀리더라도, 코치의 추측은 고객이 느끼는 감정에 이름을 붙이는 데 도움이 될 수 있다.

알마스는 "우리가 내면의 고요함과 평화로움에 더 익숙해질수록, 미묘한 차원에 대해 더 잘 인식하게 된다. 이는 우리의 탐구를 더 깊은 수준으로, 새로운 종류의 지식으로, 다른 종류의 경험으로 이끌어 낼 수 있다"라고 말했다.[6]

받아들이는 습관: 풀-바디 프레즌스

풀-바디 프레즌스Full-Body Presence 시각화 훈련은 당신이 다음 대화를 하기 전에 머리Mind, 가슴Heart, 육감Gut, 肉感을 열 수 있도록 도와줄 것이다. 각 단계 사이에 잠시 멈추며 진행하라.

1. 의자에 앉아서 자기 몸의 관찰자가 되어 보라. 시선을 부드럽게 하

---

6 ── A. H. Almaas, Spacecruiser Inquiry: True Guidance for the Inner Journey (Boston: Shambhala, 2002), 321.

고 아래쪽으로 바라보며 몸이 어떤 느낌인지 관찰하라. 일어나 있으면서 편안한 자세를 찾아보라.

2. 의자와 몸이 만나는 부분을 느껴본다. 발을 어디에 놓았는지, 발의 감각을 느껴보라.

3. 감정적인 상태를 알아차려보라. 슬픈 감정이 드는가? 아니면 차분함, 피곤함, 조급함? 어떤 감정을 느끼든지, 당신이 이완하며 그 감정을 내려놓을 수 있는지 살펴보라. 그래서 이제 시작하려는 과정에 열린 마음으로 참여할 수 있는지 확인하라.

4. 호흡에 집중하라. 숨이 들어오고 나갈 때, 몸이 반응하는 것을 느껴보라. 들이마시는 공기의 온도를 느껴보라. 공기가 나갈 때 몸이 이완되도록 해보라. 만약 감정과 관련해서 특별히 긴장된 부위를 느낀다면, 그 부위들로 숨을 들이마셔보라. 숨을 내쉬면서 긴장감이 몸 밖으로 흐르도록 해본다.

5. 뇌에 의식Awareness을 집중한다. 당신의 마음Mind의 한 가운데에 엘리베이터가 있다고 상상하자. 엘리베이터의 문이 열려 있다. 당신의 생각, 판단, 의견들을 빈 엘리베이터 안으로 떠오르도록 놓아라. 그것들은 엘리베이터 안으로 안전하게 들어가고 문이 닫혔다. 마음이 생각으로부터 자유로워진 것을 느껴보라. "호기심"이라는 단어를 말해보라. 호흡을 하며 호기심이 마음을 여는 것을 느껴본다.

6. 마음속에 있는 엘리베이터로 다시 돌아가라. 아직 문은 닫혀 있다. 엘리베이터가 천천히 몸을 따라 내려와 목을 지나고, 흉부 쪽으로 내

려와 가슴 옆에 자리 잡는 것을 지켜보라. 당신이 진심으로 배려하는 사람이나 애완동물을 떠올려보라. 또는 마음이 따뜻해지는 장면이 떠오를 수도 있다. 엘리베이터 문이 열리면 감사, 행복, 사랑을 불러일으키는 사람이나 애완동물, 장소를 떠올려보라. 깊게 숨을 들이마시며 "사랑" "행복" "감사" 등 느끼는 감정에 따라 단어를 말하며, 마음이 넓어지는 것을 느껴보라.

7. 가슴 옆에 있는 엘리베이터로 돌아가라. 엘리베이터의 문이 닫히면 사람, 애완동물, 장소와 작별 인사를 한다. 엘리베이터가 천천히 몸을 따라 내려와 몸 중앙을 지나 배꼽 아랫부분에 있는 자리에 머무른다. 엘리베이터 문에서 따뜻한 빛이 나오고 있다. 문이 열리면 따뜻한 빛만 있는 것을 볼 수 있다.

이 빛의 따뜻함을 느껴보라. 용기와 결단력이 필요한 상황을 상기해보라. 두려움에도 불구하고 말을 꺼내거나 행동을 취했던 그때를 기억해보자. 행동을 취할 때 느꼈던 감정을 상기해보라. 숨을 들이마실 때 "용기"라는 단어를 떠올려본다. 숨을 내쉬기 전에 용기라는 단어가 몸에 자리 잡게 하라. 호흡을 계속해서 내쉬면서, 당신의 중심에 의식Mind이 머무르도록 하라.

8. 이제 눈을 뜬다. 당신이 코칭을 하거나 어떤 대화를 할 때, 열린 머리, 열린 가슴, 그리고 용기 있는 육감을 함께 가져가라.

다음 코칭 세션 이후에는, 신경계의 어느 부분에 접근하는 것이 어려웠는지 생각해보라. "육감으로 듣는 것은 괜찮은데, 가슴으로 듣는 것은 어색하다" 또는 "나는 항상 가슴으로 듣고 있다. 내 육감으로 느껴지는 것을 것을 공유하는 것이 두렵다"라는 말들을 들은 적이 있다. 도움을 주는 사람들은 육감보다 가슴으로 더 쉽게 듣는다. 위험을 감수하며 직감을 따르는 사람들은 자신의 본능에서 온 육감을 듣는 것이 가슴으로 듣는 것보다 더 쉽다고 생각한다.

일상적인 상호작용에서 신경계의 세 가지 주요 기관을 균형 있게 유지하기 위해서, 가장 취약한 곳에서 받아들이는 것을 훈련하면 도움이 된다. 이러한 훈련은 코칭할 때 전체 신경계를 열고 조율하는 데 도움이 된다.

10장

판단을 알아차리고 놓아주어라

코칭은 자신의 모든 감정과 기분을 가진 채로
안전한 공간에서 자기 자신이 될 수 있도록 돕는다.

...

(마샤 레이놀즈)

나는 중국에서 대규모 관객들 앞에서 한 남자를 코칭하고 있었다. 그 고객은 은퇴 후 코치가 되어야 할지를 고민하고 있었다. 나는 고객에게 회사의 인사 책임자로서 업무에서 어떤 것을 좋아하는지 질문했다. 그 고객은 사람들을 성장시키는 것을 좋아하며, 사람들이 스스로 생각했던 것보다 훨씬 더 많은 것을 할 수 있다는 것을 깨닫는 순간 그들의 눈 속에서 빛이 나는 것을 보는 것을 좋아한다고 답했다. 무엇보다 고객은 사람들에게 공산주의의 원칙을 심어줄 수 있다는 것에 가장 자부심을 느낀다고 말했다.

나는 온몸이 떨리는 것을 느꼈다. 고객이 지지하는 정치적 가치가 나의 정치적 가치와 충돌할 뿐만 아니라, 공산주의라는 단어는 어릴 때 머릿속에 새겨졌던 핵공격에 대한 공포 이야기를 연상시켰다. 하지만 고객을 판단하거나 바꾸는 것은 나의 일이 아니었다. 나는 내 반응을 알아차렸고 숨을 내쉬었다. 그리고 가능성의 빛이 사람들 눈 속에서 반짝거리는 것을 좋아하는 이 멋진 고객과 함께 온전히 존재할 수 있게 되돌아갔다.

경험이 많은 코치들은 간혹 "나는 판단하지 않는다"라는 거짓말로 자신을 속인다. 우리는 자신이 포용적이고 비반응적이길 바란다. 우리가 생각과 감정에 사로잡히고 있다는 것을 인지하고 다시 현재에 집중해 돌아올 수 있다 하더라도, 편파적이고 재단하는 면모가 없을 수는 없다. 우리가 경험하는 가장 해로운 감정 중 하나는 판단이지만, 이것은 종종 간과되는 사실이다.

두려움이나 분노와 마찬가지로 판단은 우리의 생각에 영향을 주는 감정적인 반응이다. 말과 행동을 보고 들을 때, 우리의 뇌는 위협을 탐지하고 우리는 그것에 반응한다. 판단은 뇌가 말하거나 행동하는 것이 우리의 프레임—자신을 누구라고 생각하는 것(정체성)과 세상이 작동해야 하는 방식(현실)—과 충돌한다고 판단할 때 발생하는 반응이다.

우리가 어느 정도 현재에 존재하고 있다고 생각하더라도, 뇌는 여전히 옳다, 틀리다, 좋다, 나쁘다고 생각하는 것과 모순되는 것을 분별하려고 노력하고 있다. 모든 인간은 이처럼 본능적으로 판단을 한다.

뇌는 부정적인 편향성을 가지고 있어서, 심지어 무해한 표현도 중립적이거나 긍정적인 표현보다 더 쉽게 부정적으로 인식한다.[1] 우리의 신념을 다른 사람들의 것과 비교하고, 자기 보호를 위해 그 차이를 과장하기도 한다. 이 때문에 질문을 포함해 우리가 하는 말들은 부정적인 해석에 의해 편향될 수 있다.

> 자신이 중요하다고 믿는 것, 옳다고 생각하는 것, 다른 사람들이 어떻게 행동해야 한다고 믿는 것이 판단으로 이어진다.

코치의 제스처나 말에서 무의식적으로 불만이 드러날 수 있다. 빈센트 반 고흐Vincent Van Gogh는 "작은 감정이 우리 삶의 선장이며, 우리는 모르는 사이에 이것들을 따르고 있다는 것을 잊지 말자"라고 썼다.

코치는 한쪽 눈썹을 치켜올리거나 머리를 긁거나, 고객이 말한 내용을 다시 생각하면서 문장 끝을 물음표로 끝내서 질문처럼 들리게 할 수 있다. 여기서 코치의 의도는 다음 질문을 통해 고객의 말을 편집하려는 것이다. 가장 작은 판단적 반응도 방치하면 관계에서 힘의 역동성에 영향을 미치며, 효과적으로 고객을 코칭하는데 꼭 필요한 신뢰와 안전감을 손상시킨다. 코치의 판단이 스며들면 파트너십은 사라

---

1 —— Paul Rozin and Edward B. Royzman, "Negativity Bias, Negativity Dominance, and Contagion," Personality and Social Psychology Review 5, no. 4 (2001): 296-320.

진다.

판단을 놓아주려면, 자신이 판단적이라는 것을 인정해야 한다.

코칭에서 마스터가 되기 위해서는 자신이 판단적이고 편견이 있는 사람이라는 것을 받아들여야 한다. 판단은 인간의 특성이다. 코치는 자신이 판단적이라는 것을 인식하고, 그것이 코칭을 방해하기 전에 판단을 알아차리고 놓아주어야 한다.

일부 판단은 쉽게 알아차릴 수 있지만, 무의식적인 판단도 있다. 즉, 들은 것에 대한 부정적 반응을 스스로 인식하지 못하는 것이다. 이런 판단은 무의식적인 편견Unconscious biases이라고 불리기도 한다.[2]

우리는 알게 모르게 사람들이 어떻게 걷는지, 어떤 반려동물을 키우는지, 어떻게 옷을 입는지, 어떻게 말하는지와 같은 사회적 행동을 판단한다. 타인에게 불쾌감을 주거나, 그들을 방해하거나, 타인을 무시하는 행동을 하면서 그것이 자신의 무의식 속에서 발생한다는 것을 알아채지 못할 수도 있다. 우리가 이러한 행동을 하지 않기를 원한다고 할지라도 말이다. 우리는 이러한 행동들이 타인을 모욕하고자 한

---

2 —— 하워드 J. 로스, 『우리 뇌는 왜 늘 삐딱할까?』 박미경 옮김, 탐나는책, 2016.

게 아니라고 말하지만, 의도는 중요하지 않다. 어쨌든 상대방은 불쾌감을 느낀다.

블라인드 스폿은 무의식적인 편견으로 우리와 함께한다. 삶을 더 평화롭게, 또는 낯선 사람들과 함께 줄을 서고 있는 상황에서도 건강한 대인관계를 얻고 싶다면, 무의식적 편견 중 일부를 드러내기 위해 판단의 감정에 주목하는 훈련을 해보라.

무의식적 편견은 발견하기 어렵기 때문에, 그것을 드러낼 수 있도록 다른 사람으로부터 도움을 받는 것이 효과적이다. 당신의 편견이 나타날 때 알려줄 수 있는 믿을 만한 친구가 있을지 떠올려보자. 나의 경우, 내가 비난 투의 발언을 할 때 알려주는 친구가 있다. 내 판단을 지적받는 것을 좋아하지 않지만, 내가 그것을 인지할 수 있도록 해준 것에 감사함을 느낀다. 또한, 무의식적인 방어기제를 발견해 줄 코치를 고용할 수도 있다.

표면적인 것 이상으로

가장 일반적인 판단은 고객의 감정적 반응에 대한 코치의 반응이다. 고객의 감정 상태에 대한 코치의 아주 작은 불편한 감정도 세션 진행에 영향을 미친다. 고객의 반응을 탐구하지 않으면, 그 감정의 의미를 오해하기 쉽다. 고객의 감정에 대한 판단을 알아차리고 놓아주는 훈련은 고객이 한 표현의 중요성을 이해하는 방식으로 코치와 고객 둘 다에게 도움이 된다.

일반적인 오해는 다음과 같다.

1. **긴장된 웃음.** 웃음은 상황을 가볍게 다루는 것처럼 여겨지지만, 어떤 사람들은 당황하거나 자신감이 부족할 때 웃을 수 있다. 예일 대학의 심리학자 오리아나 아라곤Oriana Aragon은 긴장된 웃음이 우리가 행복할 때 우는 것처럼 감정적 균형을 조절하는 방법 중 하나라고 말했다.[3] 고객에게 무엇이 재미있다고 생각하는지, 고객의 웃음이 이 순간에 어떤 의미를 가지는지 물어보라. 섣불리 고객이 다음으로 넘어갈 준비가 되었다고 가정할 필요는 없다. "방금 웃으셨어요. 지금 어떤 것이 떠올랐나요?"와 같이 질문할 수 있다.

2. **눈 맞춤의 변화.** 고객이 시선을 돌리거나 무표정하다고 해서 코치에게 저항하는 것은 아니다. 코치가 지금까지 고객이 말하지 않은 진실을 언급한 것일 수도 있다. 수용과 호기심을 갖고 고객에게 그들의 생각을 공유할 수 있는지 물어보라.

3. **쉽고 빠른 동의.** 코치가 고객의 말을 반영할 때, 고객이 빠르게 "네,

---

3 —— Margaret S. Clark, Rebecca L. Dyer, and John A. Bargh. "Revealed: Why We Cry When We Are Happy," Yale University Study, Biospace.com, November 13, 2014, https://www.biospace.com/article/revealed-why-we-cry-when-we-are-happy-yale-university-study-/.

3부. 세 가지 멘탈 습관

맞아요" 또는 "알겠습니다"라고 말한다고 해서 그 응답을 확정적인 것으로 판단하지 않아야 한다. 긴장된 웃음과 마찬가지로 고객은 불편한 진실을 피하려는 경향이 있다. 고객이 옳다고 생각하는 것은 무엇인지, 이해한 것은 무엇인지 물어보라.

4. **눈물.** 울음이 항상 상처나 슬픔을 의미하는 것은 아니다. 눈물은 스트레스의 생리적 결과이거나 실망감의 축적일 수 있다. 고객이 눈물을 흘릴 때, 잠시 시간을 가질 수 있도록 한다. 차분하게 고객이 다음으로 나아갈 준비가 되었다는 신호가 올 때까지 기다려라. 침묵 속에서 차분히 앉아 있으면, 고객이 이야기할 준비가 되었을 때 알려줄 것이다. 만약 고객이 울음을 제어할 수 없는 상태라면, 코칭 세션을 재조정하도록 제안할 수 있지만 이는 최후의 수단이다. 자신이 울어서 약해졌다고 느끼도록 하는 것보다, 고객 스스로를 감정적인 통제감을 되찾을 수 있도록 시간을 주는 것이 좋다. 고객의 감정이 가라앉으면, 무엇이 눈물을 흘리게 했는지에 대해 편안하게 이야기할 수 있는지 물어볼 수 있다.

5. **방어적인 태도.** 방어적인 태도는 고객이 듣고 싶지 않았던 정보에 대한 자연스러운 반응이다. 사람들은 자신이 잘못한 것 같은 기분을 느끼기를 원하지 않기 때문에, 반사적으로 자기 방어적인 태도를 취하거나 화를 내거나 아예 말을 하지 않을 수도 있다. 고객이 듣기 불편하거나 받아들이기 어려운 것이 무엇인지 물어보라. 신체적 위험이 없다면, 고객이 스트레스와 감정을 해소할 수 있도록 내버려 두어라.

연민을 가지고 호기심을 유지하라. 방어적인 태도는 보통 불을 지피지 않으면 사그라들기 마련이다.

6. **망설임.** 망설임은 종종 고객의 실행의지 부족으로 해석된다. 그러나 그 외에도 위험을 감수할 것에 대한 두려움, 자신의 변화에 대한 타인의 판단에 대한 우려, 혹은 변화가 자신의 정체성에 미칠 영향에 대한 걱정 등이 망설임의 원인이 될 수 있다("만약 이렇게 하면 나는 어떤 사람이 될까?").[4] 고객의 망설임을 알아차렸다면, 그것을 반영하고 고객이 무엇 때문에 망설이는지를 물어보라. 그것이 코칭의 방향성을 바꿀 수 있는 것을 드러낼 수도 있다.

대화에서 '나'를 내려놓기

비반응적인 생각 파트너Thinking Partner가 되기 위해서는 대화에서 '나'를 내려놓기 위해 의식적으로 노력해야 한다. 대화에 완전히 몰입해서 자신의 의견이나 이야기를 전달하려는 욕구를 덜어낸다면, 고객과의 강한 연결을 유지할 수 있다.

---

4 —— Will Sharon, "Hesitation on the Hero's Journey," YouTube video, July 22, 2019, https://www.youtube.com/watch?v=P-pAwqzymqE&.

'나'를 내려놓는 것은 어렵다. '나'는 삶을 탐색하는 데 도움을 주는 관점의 일부분이기 때문이다. 그러나 코치의 의견과 판단이 배경으로 희미해지도록 내버려두고 대화에 완전히 몰입해 고객과 강한 연결을 유지하려고 노력한다면, 코칭의 몰입 상태를 경험할 수 있다. 코치는 여전히 감정적인 반응을 경험할 것이지만, '나'가 끼어들기를 원하는 의견과 판단의 늪에 빠지지 않게 될 것이다.

'나' 없이 20분간 걸으면서 세상을 관찰해보라. 처음 보게 되는 물건, 상황, 사람들이 있는지를 확인하라. 어떤 미묘한 차이점을 발견했는가? 당신의 호기심을 자극하는 관찰이 있었는가? 어떤 점에 마음이 움직였는가? '나'가 우리의 삶을 이끌 때, 우리는 많은 것을 놓치게 된다.

코칭 프레즌스와 인식하기를 발전시키기 위해서 훈련할 때, '나' 상태에서의 생각과 그것의 내려놓음의 사이를 오가게 될 것이다. 우리에게 '나'를 내려놓는 것은 이상적인 상태이며, 이 상태에서 코칭을 할수록 그 결과는 더 빨라지고 깊어질 것이다.

판단 관찰하기

판단에는 다양한 면이 있다. 고객의 감정이나 신념에 반응하는 것 외에, 고객이 요청하지 않은 조언을 할 때 코치는 고객을 부적절하다고 판단한 것이다. 고객이 여러 가지 걱정거리를 나열할 때, 그들을 위해 대화 방향을 선택하는 것도 판단이다. 고객이 스스로 더 폭넓게 생각하기를 원하고 그렇게 할 수 있다고 믿는다면, 코치는 생각 파트너가 아니라 '진실의 소유자'가 되어 대화를 주도하는 전문가로 미묘하게 변하는 순간을 경계해야 한다.

코치에게는 자신의 판단을 감정적 반응으로 인식하는 멘탈 습관이 필요하다. 판단을 생리적 반응으로 인식할 수 있게 되면, 숨을 내쉬고 긴장을 풀며 다시 온전히 존재하는 상태로 돌아가는 것을 선택할 수 있다. 나는 판단을 하게 되면, 가장 낮은 갈비뼈 사이의 중심부에 있는 횡격막을 타고 오는 고통을 느낀다. 때때로 입 밖으로 빠져나가려는 것처럼 가슴과 목구멍으로 답답함이 올라오는 것을 느낄 수 있다.

내가 말하기 전에 항상 내 판단을 인식할 수 있는 것은 아니다. 내가 하는 말과 반응은 내 선입견에 영향을 받는다. 그래서 나는 평소에 내 말에 의견이 스며드는 것을 감지하는 연습을 한다. 내가 파트너십을 벗어났을 때, 이를 무시하는 것보다 다시 파트너십으로 돌아가는 것이 나을 것이다. "미안합니다. 다시 말씀드릴게요"라고 말하며 재빨리 내 말을 취소한다. 그런 다음, 내가 중단하기 전에 말했던 것을 반영하려고 노력한다. 내가 틀렸다면 고객이 나를 고칠 수 있도록 허용한다. 그런 다음, 고객의 관점이 그들이 원하는 결과에 어떤 영향을 미치는가를 탐구하고 싶은지 묻는다. 이때 나는 영향력을 행사하려는 목적이 아니라 호기심으로 하려고 주의한다.

판단은 너무나 자주 일어나서 우리는 판단이 일어나는 순간들을 놓치곤 한다. 판단이 몸의 어느 부분에서 느껴지는지 구별하는 데 도움이 되도록, 이 장의 마지막에 제시된 훈련의 단계를 따라 해 보라. 의도적인 판단을 통해, 그 감각을 인식할 수도 있다. 뉴스를 보거나, SNS 게시물을 읽거나, 혼잡한 환경에서 의도적으로 판단을 일으켜 활성화해보자. 그리고 나서 긴장을 풀어 마음을 비우는 훈련으로 넘어가자.

훈련을 위한 핵심 포인트들

판단을 보류하는 멘탈 습관을 개발하는 데 도움이 되는 다음 팁을 따라 해보자.

1. **판단한다고 느끼고 있다면 멈추고 인식해보라.** 판단의 감정이 내 몸에서 어떻게 나타나는지 발견하고, 이를 인지해 판단의 감정이 생각에 영향을 미치기 전에 발견할 수 있도록 노력하라.

2. **자신이 판단하는 것에 대해 비판하지 마라.** 외모, 나이, 정치적 또는 종교적 견해, 성적 선호도, 장애, 무례한 행동, 그리고 자신에 대한 비판 때문에 사람들에게 본능적인 반응을 보일 수 있다. 판단은 인간의 반응 중의 하나이다. 자신에게 화를 내거나 자신감을 잃지 말라. 판단을 인식한 후 용감하게 선택하는 것이, 판단하지 않으려고 애쓰는

것보다 더 중요하다.

3. **당신의 가정과 의견에 의문을 제기해보라.** 어떤 신념이 당신의 반응을 움직이고 있는 것일까? 자신의 반응을 합리화하지 말고, 그것이 어디서 온 것인지 궁금해 하라.

4. **당신이 옳은 말을 하거나 마지막에 말을 해야 한다는 필요성을 내려놓아라.** 고객은 자신의 의견이 귀 기울여지고 받아들여진다고 느낄 필요가 있다는 것을 기억해라. 고객의 관점이 그들이 원하는 결과에 영향을 미치지 않는 한, 숨을 깊이 들이마시고 당신의 반응을 놓아주어라. 고객의 발언이 그들이 원하는 결과를 방해한다고 생각한다면, 고객에게 이루고자 하는 목표를 다시 한번 말해 달라고 요청하라. 그런 다음, 고객이 공유한 것이 그들이 원하는 결과와 일치하는지 또는 원하는 것을 달성하는 데 장애요소가 될 수 있는지 물어볼 수 있다.

5. **매일 사람들에 대해 더 호기심을 갖도록 노력하라.** 새로운 것을 발견할 수 있도록 생각 너머를 바라보는 것을 즐겨라. 사람들은 자신의 프레임 안에서 행동한다는 것을 기억하라. 상대방의 관점에 동의할 필요는 없지만, 상대의 관점에 대해 열린 마음으로 그들의 관점을 이해하려고 경청할 수는 있다. 이렇게 함으로써 당신은 마음의 평화를 얻고 상호작용을 개선할 수 있다.

우리 모두는 거대한 판단 기계이다. 그러나 우리는 인간으로서, 더 넓은 관점을 가질 수도 있다. 나는 편견 너머 보기를 선택한 사람들로 가득한 세상을 바라며, 여러분도 그러길 바란다.

감정 인식Emotional Recognition: 판단을 포함한 감정을 인식하고 내려놓는 습관을 만드는 것

코칭뿐만 아니라 모든 상황에서 기분을 느끼고 생각에 영향을 미치는 감정을 구별하는 능력이 높아질수록, 그 순간에 더 적합한 감정으로 전환하는 능력이 커진다. 감정 인식의 멘탈 습관을 기르면 순간적인 반응 대신 원하는 감정을 선택할 수 있다.

느끼고 있는 감정에 이름을 붙이는 것은 어려울 수 있다. 아마도 이를 훈련해 본 적이 없기 때문이다. 또한, 동시에 여러 가지 감정을 경험할 수도 있다. 감정은 서로 중첩되고 섞이기도 하고, 다양한 반응에 대해 여러 용어를 사용할 수 있기 때문에 감정 인식은 마스터하기 어려운 기술이다. 그렇지만 다음 두 단계를 연습한다면 불가능한 것은 아니다.

1. 멈추고 당신의 감정 상태를 인식하라.
2. 당신이 느끼는 감정에 이름을 붙여라.

감정 인식 능력을 향상시키기 위한 첫 번째 단계는 하던 일을 멈

추고 몸 상태를 점검하는 것이다. 어느 부위에서 긴장을 느끼고 있는 가? 턱을 악물고 있거나, 어깨가 딱딱하거나, 위가 울렁거리거나, 숨이 가빠지는지 확인해보라. 팔, 손, 다리, 발의 자세는 어떻게 되어 있는 가? 긴장을 유발하는 감정은 무엇인지 스스로에게 물어보라.

감각에 이름을 붙이지 못해도, 신체와 멘탈의 상태 차이를 구별하는 연습은 좋은 시작이다. 대부분의 사람들은 하루가 끝날 때 피곤함, 좌절감, 또는 만족스러운 기분을 느끼기도 하지만 자신의 감정 변화를 인식하지는 못한다.

하루에 적어도 세 번 이상 일부러 멈추고 스스로에게 "내가 지금 느끼는 감정은 무엇이지?"라고 물어본다면, 감정 인식 습관을 형성할 수 있다. 이러한 연습을 적어도 3주 동안 지속한 후에는, 하루 동안 당신이 느끼는 감정의 변화를 더 자연스럽게 인식할 수 있게 될 것이다.

당신이 이러한 연습을 계속한다면 코칭 중에 감정적 반응을 인식하는 능력이 향상될 것이다. 그런 다음, 8장에서 배운 존재감 확립 루틴Presencing Routine을 사용해 뇌를 조율할 수 있다. 이완Relax, 분리Detach, 중심화Center, 그리고 호기심과 배려에 집중해 고객과 함께 존재하는 상태로 돌아갈 수 있다.

앞으로 3주 동안, 휴대폰이나 시계에 하루에 네 번 알람이나 진동이 울리도록 설정해 자신의 감정 상태를 확인해보자. 기억에 의존하지 말고 그 순간의 감정을 확인하는 것이 중요하다. 매주 시간 간격을 변경해 매일 같은 시간에 이를 확인하지 못하도록 조정해야 한다. 감정이 어떤 패턴으로 나타나는지 확인하기 위해 종이나 디지털 매체에 감정을 기록해보라.

기본적인 감정을 파악하는 것부터 시작하라. 당신이 분노, 좌절, 조급함, 판단, 짜증, 불안, 혐오감, 실망, 슬픔, 놀람, 결연함, 행복, 만족감을 느끼고 있는지 확인해보라. 한 번에 여러 감정을 느낄 수도 있다. 감정의 신체적 감각을 파악할 수 있는지 확인해보라. 몸에서 느껴지는 감정을 분리해내면, 감정을 느끼는 동안에도 어떻게 행동할지 선택할 수 있다. 그러면 감정은 점차 가라앉게 되어, 선택에 의해 감정을 전환하는 것이 더 쉬워진다.

몇 주 동안 활동을 중단하고 감정에 이름을 붙인 후, 기본적인 감정 외에 다른 감정의 변화를 구별해보자. 표 1의 목록을 사용해 감정에 대한 어휘를 확장해보자.

무엇보다, 당신이 모든 감정을 더 잘 인식하려고 노력하고 있다는 점을 기억하라. 감정은 옳고 그름이 없다. 그러므로 정직함이 중요하다. 최소 3주 동안 감정 인식을 연습한 후에는 알람 없이도 계속할 수 있어야 한다.

이 훈련의 목표는 감정적 반응이 발생할 때 이를 알아차리는 멘탈 습관을 만드는 것이다. 이런 훈련을 통해 당신이 원한다면 다른 감정을 느끼도록 선택할 수 있다.

반응의 희생자가 아니라, 마음의 주인이 되기를 선택하라.

관련된	감정		
분노(Anger)	격분한(Furious)	분노한(Outraged)	증오하는(Hateful)
	분개한(Resentful)	격노한(Exasperated)	짜증난(Annoyed)
	신경질이 난(Irritated)	앙심을 품은(Vengeful)	기만당한(Cheated)
	호전적인(Belligerent)	반항적인(Rebellious)	저항하는(Resistant)
	부러워하는(Envious)	우월한(Superior)	반항하는(Defiant)
	경멸하는(Disdainful)	거부하는(Repulsed)	경악하는(Appalled)
	불쾌한(Offended)	불신하는(Distrustful)	냉소적인(Cynical)
	경계하는(Wary)	걱정하는(Concerned)	우려하는(Apprehensive)
두려움(Fear)	긴장한(Nervous)	두려운(Dreading)	걱정스러운(Worried)
	두려운(Afraid)	불안한(Anxious)	초조한(Edgy)
	불안정한(Restless)	겁먹은(Frightened)	위협받는(Threatened)
	스트레스 받는(Stressed)	압도된(Overwhelmed)	집착하는(Obsessed)
낙담(Disheartenment)	혼란스러운(Confused)	좌절스러운(Baffled)	상실감(Lost)
	갈피를 잡지 못하는(Disoriented)	단절된(Disconnected)	함정에 빠진(Trapped)
	외로운(Lonely)	고립된(Isolated)	슬픈(Sad)
	비통한(Grieving)	낙담한(Dejected)	우울한(Gloomy)
	절박한(Desperate)	우울한(Depressed)	황폐해진(Devastated)
	무력한(Helpless)	연약한(Weak)	취약한(Vulnerable)
	침울한(Moody)	심각한(Serious)	침울한(Somber)
	실망한(Disappointed)	상처받은(Hurt)	불완전한(Defective)
	수줍은(Shy)	사랑받지 못한(Unloved)	버림받은(Abandoned)
	연약한(Frail)	역겨운(Queasy)	기진맥진한(Weary)
	지친(Tired)	소진된(Burned out)	무관심한(Apathetic)
	안일한(Complacent)	지루한(Bored)	얼빠진(Brainless)
	소진된(Exhausted)	좌절한(Frustrated)	심술난(Grumpy)
	성급한(Impatient)	성미급한(Testy)	흥분한(Wound up)
수치심(Shame)	굴욕스러운(Humiliated)	모욕적인(Mortified)	당황한(Embarrassed)
	부끄러운(Ashamed)	불편한(Uncomfortable)	죄책감을 느끼는(Guilty)
	후회하는(Regretful)	양심의 가책을 느끼는(Remorseful)	생각에 잠김(Reflective)
	서글픈(Sorrowful)	고립된(Detached)	냉담한(Aloof)

관련된	감정		
놀라움(Surprise)	충격받은(Shocked)	깜짝 놀란(Startled)	(놀라서) 기절한(Stunned)
	몹시 놀란(Amazed)	놀라운(Astonished)	감명받은(Impressed)
열정(Passion)	열정적인(Enthusiastic)	흥미진진한(Excited)	흥분한(Aroused)
	미쳐 날뛰는(Delirious)	열렬한(Passionate)	광기의(Crazed)
	희열(Euphoric)	황홀해 하는(Thrilled)	경쟁심이 강한 (Competitive)
	의지가 강한(Willful)	단호한(Determined)	자신감 있는(Confident)
	대담한(Bold)	열렬한(Eager)	낙관적인(Optimistic)
	만족한(Gratified)	자랑스러운(Proud)	(열의, 칭찬, 감정을 과장 되게) 마구 쏟아 내는 (Gushy)
행복(Happiness)	즐거운(Joyful)	더없이 행복한(Blissful)	재미있는(Amused)
	기뻐하는(Delighted)	의기양양한(Triumphant)	운이 좋은(Lucky)
	만족스러운(Pleased)	엉뚱발랄한(Silly)	몽환적인(Dreamy)
	황홀해 하는(Enchanted)	감탄하는(Appreciative)	감사한(Grateful)
	희망에 찬(Hopeful)	흥미로움(Intrigued)	관심이 있는(Interested)
	몰두한(Engrossed)	생기 있는(Alive)	활기찬(Vivacious)
평온한(Calm)	만족한(Contented)	안심한(Relieved)	평화로운(Peaceful)
	느긋한(Relaxed)	만족한(Satisfied)	내성적인(Reserved)
	편안한(Comfortable)	수용적인(Receptive)	너그러운(Forgiving)
	받아들이는(Accepting)	사랑하는(Loved)	평온한(Serene)
관심(Care)	추앙하는(Adoring)	숭배하는(Admiring)	경외하는(Reverent)
	사랑하는(Loving)	애정 어린(Affectionate)	지지하는(Supportive)
	존경하는(Respectful)	친절한(Friendly)	동정어린(Sympathetic)
	연민 어린 (Compassionate)	다정한(Tender)	관대한(Generous)
그 외	직접 작성하기		

그림 ⑩ 감정/목록

마치며

대화를 넘어:
코칭은 생활 방식과 문화이다.

우리가 누구이며 무엇을 하는가는
긴밀하게 연결되어 있다.
…

(허미니아 아이바라Herminia Ibarra)

나는 코치 트레이닝을 시작한 지 1년 후쯤에 수년간 알고 지낸 친구들과 점심을 먹은 적이 있었다. 식사 중 한 친구가 "마샤, 너 요즘 얼마나 즐거워하고 있는지 알고 있니?"라고 말했다. 나는 살짝 웃으며, 그녀가 무슨 말을 하는지 물었다. "너와 이야기하는 것이 훨씬 더 편해졌어. 이제는 더 많이 들어주는 것 같아. 우리에게 더 관심이 있는 것 같아. 오해는 하지마. 너는 정말 똑똑하고, 항상 좋은 조언을 해줘. 그리고 멋진 이야기도 해 주고 말이야! 뭔가 네 안에서 변화가 생긴 것 같아. 그냥 알려주고 싶었어."

테이블에 있는 모두가 동의했다. 가장 친한 친구가 나의 불편함을 느끼고, 모두가 우정을 건배하기 위해 잔을 들었고, 다음 달에 갈 새로운 식당에 대해 이야기하며 주제를 바꿨다.

그 말은 며칠 동안 내 마음을 괴롭혔다. 내가 이전에는 진짜 나쁜 친구였던 것일까? 내가 이야기를 끝내기 전에 조언을 해 주려는 사람들을 싫어했었는데, 그랬던 사람이 바로 나였던 것일까?

며칠 동안 깊이 고민한 끝에 이런 생각이 들었다. "그래도 그들은 여전히 내 친구들이야. 큰 문제를 해결해야 할 때 내게 전화를 걸고, 일 때문에 함께하지 못할 때 보고 싶어 하기도 하잖아. 그래서 나는 과거에 내가 모든 것을 다 안다고 생각해서 쓸데없는 조언을 해줬다고 해도, 스스로를 용서하고 코칭을 찾은 것을 신께 감사해!" 그때 나는 내 코칭이 인생의 습관이 되어 가고 있다는 것을 깨달았다.

내가 처음 코치 트레이닝을 받을 때, 트레이너 중 한 명이 "코칭을 하는 것과 코치가 되는 것 사이에 차이가 있다"라고 말했다. 코칭은 특정 상황에서 기술을 사용하는 것만 아니라, 코칭이 뼛속까지 스며들어 다른 사람들과 함께하는 방법이다. 현재에 온전히 존재하는 것, 단순히 듣는 것이 아니라 받아들이는 것, 판단을 내려놓는 것 등의 멘탈 습관은 관계의 역학을 변화시킨다. 반영적 진술을 하고 확인 질문을 하면 대화가 같은 페이지에 있도록 해서 가정假定을 줄이게 된다.

분명히 내 친구들은 내 존재를 느꼈고, 우리의 연결은 더욱 깊어졌다. 나의 프레즌스는 우리의 관계에서 차이를 만들었다. 나는 내가 코치가 되고 있다는 것을 깨달았다.

코치가 되는 것

코칭이 아직 익숙하지 않더라도, 훈련에 자신감이 생길 때까지 기다리지 마라. 프랑스의 경영대학원인 인시아드INSEAD와 하버드 대학의 조직행동학 교수인 허미니아 아이바라Herminia Ibarra는 우리가 미래에 더 많은 돈과 명성을 갖는 계획을 세우는 것으로 우리 스스로를 발전시킬 수는 없다고 말했다. 그녀는 우리가 "우리가 하는 일, 회사, 그리고 우리의 일과 삶에 대한 이야기"로 정의되기 때문에, 오늘부터 우리의 행동을 조금씩 조정하는 것부터 시작할 필요가 있다고 했다.[1]

다른 사람들이 무슨 일을 하는지 묻는다면, 자랑스럽게 코치라고 말하라. 여건이 허락된다면 다른 사람들을 코칭에 참여시켜라. 딜레마를 해결하고 앞으로 나아가도록 돕는데 미치는 영향을 보게 되면, 당신은 스스로를 다르게 정의하기 시작할 것이다. 그리고 나면 자신의 정체성이 변화함에 따라 코칭을 훈련하던 것에서 대면, 온라인 플랫폼, 회의, 복도, 그리고 점심 대화까지 모든 상호작용에서 코치가 되어간다.

1 —— 허미니아 아이바라, 『마침내 내 일을 찾았다』, 유정식 옮김, 새로운현재(메가스터디북스), 2014.

> 사람들은 코치로서의 당신이, 자신들을 보고, 듣고, 소중하게 생각한다는
> 느낌을 받는다. 당신의 영향력은 당신의 일부임을 인지해야 한다.

나는 이 책을 모든 상황에서 보다 의미 있는 대화를 나누고자 하는 사람에게 코칭을 더 쉽게 설명하고자 썼다. 코칭은 가장 어려운 때에도 희망을 갖게 만들 수 있다고 믿는다. 우리는 세상을 구할 수 없을지도 모른다. 분열과 피해를 끼치는 요인들을 해결할 수 없을 수도 있다. 하지만 서로에게 코칭을 선물하면, 우리는 낙관주의를 고취시키고 더 나은 미래를 향해 나아갈 수 있을 것이다.

코칭문화 만들기

1장에서는 코칭이 인식을 확장시키고 새로운 가능성을 보여주며 행동 변화를 일으키는 뇌에 미치는 영향에 대해 설명했다. 코칭을 지지하는 CEO나 리더라면 조직 내에 코칭을 도입하는 것을 고려하라. 리더들에게 코칭 스킬을 가르치는 기업에서 수행한 연구를 살펴보면,

생산성, 직원 몰입 및 결과를 개선하는 코칭의 힘을 입증하고 있다.[2] 조직이 코칭 문화를 구축하는 데 투자할 때 보고된 가장 큰 이점은 직원 몰입의 증가이다.[3] 높은 직원 몰입은 결근율 감소, 이직률 하락, 변화에 대한 신속한 적응력 등, 여러 긍정적 결과를 가져온다.[4] 코칭 문화를 구축하기로 약속한 조직은 최고 경영자를 위해 코칭을 제공하고, 매니저들이 코칭 스킬을 사용하도록 교육하며, 목표 달성을 위해 모든 직원이 매니저나 멘토로부터 코칭을 받도록 장려한다. 케냐에서 진행한 코칭 교육에서 리더 중 한 명은, "코치님의 프로그램 이후에 저는 새로운 차원과 기술을 얻었고, 이를 계속 훈련하고 있습니다. 그 결과 우리 조직에서 더 많은 리더들의 발전과 더 높은 수준의 서비스, 개선된 직원 사기, 그리고 열정과 에너지의 헌신을 보고 있습니다"라고 말했다.

조직 내에서 코치가 되는 것은 용기와 실행할 의지를 필요로 한다. 만약 코

2 —— Joel A. DiGirolamo and J. Thomas Tkach, "An Exploration of Managers and Leaders Using Coaching Skills," Consulting Psychology Journal 71, no. 3 (2019), https://psycnet.apa.org/record/2019-23918-001.

3 —— Jenna Filipkowski, Building a Coaching Culture, Human Capital Institute, October 1, 2014, http://www.hci.org/hr-research/building-coaching-culture.

4 —— Jenna Filipkowski, Mark Ruth, and Abby Heverin, Building a Coaching Culture for Change Management, Human Capital Institute and International Coaching Federation, September 25, 2018, http://www.hci.org/hr-research/building-coaching-culture-change-management.

칭이 조직 전체에 널리 퍼지게 되면, 서로 연결되고 용기 있는 문화가 형성
될 것이다.

글로벌 해운 회사의 한 고위직 리더는 이렇게 말했다. "저는 매일
올바른 단어와 올바른 질문을 선택하는데 더 강해지고 있다고 느낍니
다. 이제 다른 사람들을 훨씬 깊은 수준에서 이해할 수 있습니다. 그 결
과가 인상적입니다."

대부분의 회사들은 일부 리더들에게 코칭 스킬을 가르치는 것으
로 시작한다. 나는 이들이 교육을 받은 후, 코칭 스킬을 통합하기 위해
고위직 리더들의 지원을 받는 것이 중요하다고 믿는다. 매니저들은 코
칭 스킬을 대화의 일부로 자연스럽게 발휘하기 전까지 정기적으로 훈
련할 시간을 갖기 위해 지원을 받고 있다고 느낄 수 있어야 한다.

나는 리더들에게 코칭 스킬을 가르칠 때, CEO 또는 CEO가 없는
경우에는 다른 고위직 리더에게 코칭 세션을 시작하도록 요청한다. 이
러한 리더들은 자신들이 받은 강력한 코칭 경험에 대해 자주 이야기
한다. 하루 종일 그 경험에 머물러 있는 경우도 많다.

교육 프로그램을 제공하기 전에, 나는 프로그램의 내부 후원자들
과 함께 결과를 측정하기 위한 전략을 세우고, 조직 전체가 코칭을 받
아들이도록 영감을 줄 증거를 확보한다. 일부 고객들은, 코칭 접근법
을 사용하는 리더들이 대화에서 얻을 수 있는 것을 모든 구성원, 심지
어 현장 근로자들에게 공유할 짧은 비디오를 만들기도 한다. 코칭 문

화로 가기 위해 노력하는 조직의 사례가 필요하면 언제든지 연락주길 바란다.

> 대화에서 자신을 완전히 표현할 수 있는 안전한 분위기를 조성하면, 사람들의 최고를 이끌어낼 뿐 아니라 자신의 최고도 이끌어낼 수 있다.

나는 내 수업을 시작할 때, 리더들에게 어떤 사람으로 기억되고 싶은지 묻는다. 그리고 프로그램이 끝날 때, 같은 질문을 다시 하는데, 리더들의 대답은 달라진다. 코칭을 통해 의미 있는 대화를 나누는 방법을 배우면 누구나 기억되기를 원하는 방식으로 삶을 살아갈 수 있다.

코칭은 차이를 만든다

25년간 코칭을 해오면서 세계 각지의 코치들과 함께할 수 있어서 감사하다. 옛 친구들과 함께 시간을 보내는 것도 여전히 즐겁지만, 코칭으로 만드는 차이를 열정적으로 추구하는 코치들과 함께 할 때 가장 편안함을 느끼는 것 같다.

분열되고 단절된 우리의 세계에서, 코칭은 사람들을 하나로 모은다. 사람들이 감당이 안 될 때, 스트레스를 받을 때, 화가 나 있을 때, 코칭은 그들의 목적과 비전, 그리고 앞으로 나아갈 힘을 상기시켜 준다. 코칭은 원하는 것을 위한 희망을 준다. 단 한 번의 성찰과 질문만으로 코칭은 스스로 누구라고 생각는지, 한번의 가치 있는 삶에서 무엇을 할 수 있는지를 확장할 수 있게 한다.

이 책의 첫 페이지를 펼치면서 어떻게 코칭을 사용할 계획이었든 간에 이 책의 내용을 실천한 것에 박수를 보낸다. 마지막 페이지까지 읽어주신 여러분께 감사드린다. 마거릿 휘틀리가 말한 것처럼, 당신은 "인간의 영혼을 위한 전사"이다.[5] 감사한다!

5 —— Margaret J. Wheatley, Who Do We Choose to Be? Facing Reality, Claiming Leadership, Restoring Sanity (Oakland: Berrett-Koehler, 2017), 253-266.